●会计职业教育系列教材

财务会计报告

主编　蒋婉萍

浙江大學出版社

编写说明

为适应高、中等会计职业教育的需要，应广大在职会计人员及会计信息使用者学习掌握财会专业业务知识的要求，我们组织有关学者，教师及会计实际工作者编写了一套会计职业教育系列教材。

本套会计职业教育系列教材共七本，包括《会计核算基础》、《会计核算实务》、《企业涉税事务》、《财务会计报告》、《企业内部控制》、《出纳实务》、《成本会计》。本系列教材由浙江省财政干部教育中心组织编写组编写，张亚平同志担任总召集人，成员主要有：程运木、陶其高、包洪信、应太松、求嫣红、蒋婉萍、徐政、黄成光、俞兆辉、陶善贵、吴小明等。在具体编写过程中，傅钱生、陈建中等同志就教材的编写思想、编写提纲进行了指导并提出了许多宝贵意见，并且为本系列教材的编写提供了有关法规制度、教材和书籍，谨此说明并在此表示衷心的感谢！

本套会计职业教育系列教材，力求体现以下特点：

内容新颖。本系列教材阐述的内容与新法规，新制度及会计准则保持一致，从专业术语的表达到具体方法的应用都体现了新会计法规的要求，符合新的规范。

实用性强。本系列教材对理论性问题不作深入探讨，不介绍高深学术观点，但对会计的程序和方法力求详尽，以培养学习者的操作能力。

系统性、针对性强。本系列教材系统地阐述了会计核算、财务分析，并从企业的角度出发介绍企业与税务、企业与金融的业务处理。针对企业业务的实际情况，通过实例教授财务会计知识，直观清晰、深入浅出、通俗易懂，适合多层次财会从业人员的学习需要。

本教材共分六章，第一、五章由陈云娟编写，第二、三、四章由蒋婉萍编写，第六章由胡嘉将编写。最后由蒋婉萍进行总纂和统稿并担任主编。

由于编者水平所限，再加上时间仓促，书中难免存在一些缺点和错误，恳请广大读者批评指正。

会计职业教育系列教材编写组

2008 年元月

目　录

第一章 概述

第一节 财务会计报告的内容及作用

一、财务会计报告的内容

财务会计报告是指企业对外提供的反映企业某一特定日期的财务状况和某一会计期间的经营成果、现金流量等会计信息的文件。

它具有以下几层含义：一是财务会计报告应当是对外报告，其服务对象主要是投资者、债权人等外部使用者，专门为内部管理需要、具有特定目的的报告不属于财务会计报告的范畴；二是财务会计报告应当综合反映企业的生产经营状况，包括某一时点的财务状况和某一时期的经营成果及现金流量等信息，以勾画出企业财务的整体和全貌；三是财务会计报告是企业根据日常的会计核算资料归集、加工和汇总后形成的，是企业会计核算的最终成果，它必须形成一个系统的文件，不应是零星的或者不完整的信息。

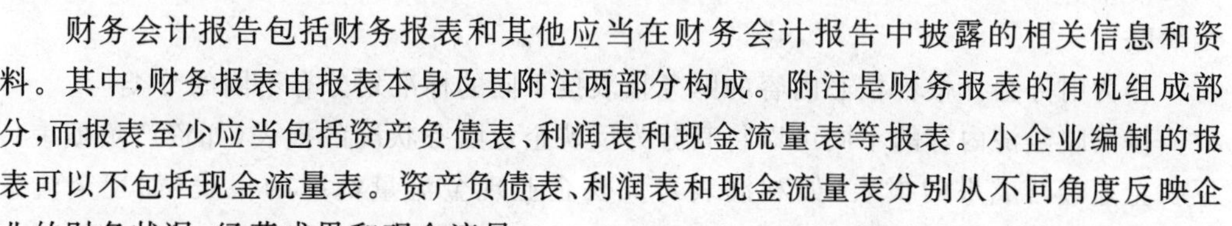

财务会计报告包括财务报表和其他应当在财务会计报告中披露的相关信息和资料。其中，财务报表由报表本身及其附注两部分构成。附注是财务报表的有机组成部分，而报表至少应当包括资产负债表、利润表和现金流量表等报表。小企业编制的报表可以不包括现金流量表。资产负债表、利润表和现金流量表分别从不同角度反映企业的财务状况、经营成果和现金流量。

资产负债表是反映企业在某一特定日期的财务状况的会计报表。企业编制资产负债表的目的是如实反映企业的资产、负债和所有者权益的金额及结构等情况，有助于使用者评价企业资产的质量以及短期偿债能力、长期偿债能力和利润分配能力等。

利润表是反映企业在一定会计期间的经营成果的会计报表。企业编制利润表的目的是如实反映企业实现的收入、发生的费用以及应当计入当期利润的利得和损失金额及其结构等情况，有助于使用者分析评价企业的盈利能力及其构成与质量等。

现金流量表是反映企业在一定会计期间现金和现金等价物流入和流出的会计报

表。企业编制现金流量表的目的是如实反映企业各项活动的现金流入、流出情况，有助于使用者评价企业的现金流和资金周转情况。

所有者权益变动表是反映构成所有者权益的各组成部分在当期的增减变动情况的会计报表。企业的净利润及其分配情况是所有者权益变动的组成部分，其相关信息已经在所有者权益变动表及其附注中反映，企业不需要再单独编制利润分配表。

附注是财务会计报告的重要组成部分，是对在资产负债表、利润表、现金流量表和所有者权益变动表等报表中所列示项目的文字描述或明细资料，以及对未能在这些报表中所列示项目的说明等。

其他相关信息，具体可以根据有关法律、行政法规、部门规章等的规定和外部使用者的信息需求而定，力求客观、公允、可信，不误导使用者。

二、财务会计报告的分类

企业的财务会计报告分为年度、半年度、季度和月度财务会计报告。月度、季度财务会计报告是指月度和季度终了时对外提供的财务会计报告；半年度财务会计报告是指在每个会计年度的前六个月结束后对外提供的财务会计报告；年度财务会计报告是指年度终了对外提供的财务会计报告。半年度、季度和月度财务会计报告统称为中期财务会计报告。这里的“中期”，是指短于一个完整的会计年度的报告期间，它可以是一个月、一个季度或者半年，也可以是其他短于一个会计年度的期间。因此，中期财务会计报告还包括年初至本中期末的财务会计报告。

季度、月度中期财务会计报告通常仅指财务报表，国家统一的会计制度另有规定的除外。中期财务会计报告至少应当包括资产负债表、利润表、现金流量表和附注，其中，中期资产负债表、利润表和现金流量表应当是完整报表，其格式和内容应当与上年度财务报表相一致。与年度财务会计报告相比，中期财务会计报告中的附注披露可适当简略。

作为财务会计报告核心内容的财务报表按不同的标准划分有不同的分类：

按反映经济内容的不同可以将其分为反映企业财务状况的报表（如资产负债表）；反映企业经营成果的报表（如利润表）；反映企业现金流量情况的报表（如现金流量表）。

按反映资金运动形态的不同可以将其分为反映截至某一特定时点的指标数值的静态报表（如资产负债表）；反映一定时期的指标数值的动态报表（如利润表和现金流量表）。

按编报主体的不同可以将其分为个别财务报表和合并财务报表。个别财务报表是由企业在自身会计核算基础上对账簿记录进行加工而编制的报表，它主要用以反映企业自身的财务状况、经营成果和现金流量情况。合并财务报表是指以母公司和其全部子公司组成的企业集团为会计主体，根据母公司和子公司的财务报表，由母公司编制的综合反映企业集团整体的财务状况、经营成果及现金流量的报表。

三、财务会计报告的目标

《企业会计准则——基本准则》规定，财务会计报告的目标是向财务会计报告使用者提供与企业财务状况、经营成果和现金流量等有关的会计信息，反映企业管理层受托责任的履行情况，有助于财务会计报告使用者作出经济决策。其主要包括以下两个方面的内容：

（一）向财务会计报告使用者提供决策有用的信息

企业编制财务会计报告的主要目的是为了满足财务会计报告使用者的信息需要，有助于其作出经济决策。因此，向财务会计报告使用者提供决策有用的信息是财务会计报告的基本目标。如果企业在财务会计报告中提供的会计信息与使用者的决策无关且没有使用价值，那么财务会计报告就失去了其编制的意义。

根据向财务会计报告使用者提供决策有用的信息这一目标的要求，财务会计报告所提供的会计信息应当如实反映企业所拥有或者控制的经济资源、对经济资源的要求权以及经济资源要求权的变化情况；如实反映企业的各项收入、费用、利得和损失的金额及其变动情况；如实反映企业各项经营活动、投资活动和筹资活动等所形成的现金流入和现金流出情况等，从而有助于现在的或者潜在的投资者、债权人以及其他使用者正确、合理地评价企业的资产质量、偿债能力、盈利能力和营运效率等；有助于使用者根据相关会计信息作出理性的投资和信贷决策；有助于使用者评估和投资与信贷有关的未来现金流量的金额、时间和风险等。

（二）反映企业管理层受托责任的履行情况

在现代企业制度下，企业所有权和经营权相分离，企业管理层是受委托人之托经营管理企业及其各项资产的，负有受托责任，即企业管理层所经营管理的企业各项资产基本上均为由投资者投入的资本（或者留存收益作为再投资）或者是向债权人借入的资金所形成的，企业管理层有责任妥善保管并合理、有效地运用这些资产。尤其是企业投资者和债权人等，需要及时或者经常性地了解企业管理层保管、使用资产的情况，以便于评价企业管理层受托责任的履行情况和业绩情况，并决定是否需要调整投资或者信贷政策；是否需要加强企业内部控制和其他制度建设；是否需要更换管理层等。因此，财务会计报告应当如实反映企业管理层受托责任的履行情况，以有助于评价企业的经营管理责任和资源使用的有效性。

四、财务会计报告的作用

财务会计报告作为对外会计报告，其目的是通过向外部会计信息使用者提供有用的信息，帮助使用者作出相关决策。财务会计报告的使用者包括投资者、债权人、政府及其有关部门和社会公众等，不同的财务会计报告使用者对信息需求的关注点各有不同，财务会计报告发挥的具体作用也因此而有所不同。

(一)投资者

在市场经济条件下，投资者的队伍日趋扩大。投资者是会计信息的主要需求者，因此满足其对会计信息的需要是财务会计报告的首要出发点，是保护投资者利益要求的体现。作为资本所有者，将资金投向某一企业后，其投资收益主要来源于被投资企业的盈利、红利分配和股价上涨等，这一切取决于被投资企业资产的运作、获利能力及现金流量等情况。现在的或者潜在的投资者通过企业提供的会计信息，对企业现在和未来的财务状况及风险水平作出评价，对企业未来的发展前景作出分析，以便决策是否向企业投资或继续保留其在企业的投资。

(二)债权人

企业在经营过程中，出于扩大经营规模或者其他各种需要，通常会向金融机构或社会公众举借债务。在日常业务往来中，企业还可能因赊购等因素与供应商形成债权债务关系，这些企业贷款人和供应商是财务会计报告的又一主要需求者。

债权人最关心的是企业的偿债能力和财务风险，他们需要用信息来评估企业是否能如期支付贷款本金及其利息，能否如期支付所欠货款等。因此，企业有义务向债权人揭示企业的财务状况、现金流量、获利情况，以反映企业的短期偿债能力和长期偿债能力，为债权人评估风险以及是否增加贷款或转让债权等决策提供可靠的会计信息。

(三)政府及其有关部门

政府及其有关部门，包括财政、税务、工商行政管理部门以及证券管理机构等，作为经济管理和经济监管部门要履行其职能，通常需要借助大量真实可靠的信息。企业财务会计报告所提供的会计信息，正是为政府及其有关部门进行监管企业活动、制定财政税收政策、税收征收管理和国民经济统计等宏观经济管理活动提供了可靠翔实的数据资料，便于国家掌握国民经济运行的总体情况，做到经济资源配置公平、合理，经济秩序公正、有序。

(四)社会公众等其他使用者

社会公众等其他使用者关注的是企业的生产经营情况和社会责任的履行情况，包括对所在地作出的贡献，如增加就业、刺激消费、环境影响等，需要了解企业有关发展前景和经济效益等方面的信息。

虽然投资者、债权人、政府及其有关部门和社会公众等其他使用者对会计信息的需求各有侧重点，但都需要财务会计报告提供企业全面的财务状况、经营成果和现金流量方面的信息；尽管财务会计报告反映的信息具有一定的局限性，如企业的人力资源、企业的文化和背景等非财务资料不能在财务会计报告中加以揭示，但其提供的信息基本上能满足大部分使用者的需要。

第二节 财务会计报告编制的要求

一、财务会计报告的规范

我国的财务会计规范体系主要由《中华人民共和国会计法》(以下简称《会计法》)、《企业会计准则》和《小企业会计制度》等组成,但对执行《企业会计准则》的企业,就不再执行《小企业会计制度》。这些法规都对企业财务会计报告的编制、披露等作了相关规定。除此之外,国务院还发布了《企业财务会计报告条例》。这就构成了以《会计法》为核心,其他法规为具体内容的约束和规范我国企业财务会计报告的法规体系。

(一)《会计法》

自2000年7月1日起施行的《会计法》第20条第1、2款规定:"财务会计报告应当根据经过审核的会计账簿记录和有关资料编制,并符合本法和国家统一的会计制度的编制要求、提供对象和提供期限的规定;向不同的会计资料使用者提供的财务会计报告,其编制依据应当一致。"对于这些原则性的规定,可以从以下几个方面理解:

1.依据经过审核的会计账簿和有关资料编制财务会计报告,是保证财务会计报告质量的重要环节。财务会计报告不能凭空而来或凭单位负责人的"意志"而来,作为其编制依据的会计账簿和其他有关资料必须是真实的、完整的,所以严格的审核是一个不可或缺的重要环节。

2.财务会计报告的编制要求、提供对象和提供期限应当符合法定要求。这里的"法",主要指《会计法》和国家统一的会计制度,另有其他法律规定的,各单位也应当认真执行。

3.向不同的会计资料使用者提供的财务会计报告,其编制依据应当一致。在实际工作中,一些单位在提供财务会计报告时,往往存在"见什么人,说什么话"的现象,报给税务部门的是一套显示经营业绩较差的财务会计报告,目的是减少纳税;报给主管部门和银行的是一套粉饰过的、显示业绩较好的财务会计报告,目的是为了获得表彰、奖励和贷款等。以不同的依据编制的财务会计报告,实际上都是虚假的财务会计报告,是一种严重的违法行为,必须依法制止和惩治。

(二)《企业财务会计报告条例》

为了规范企业财务会计报告,保证财务会计报告的真实、完整,根据《会计法》,国务院于2000年6月21日发布了《企业财务会计报告条例》,2001年1月1日起开始施行。这是一个专门针对财务会计报告的行政法规,更是企业在编制和提供财务会计报告时必须严格遵守的一项法律。该条例对财务会计报告的构成、编制、对外提供和法律责任等方面作了具体规定。

(三)《企业会计准则》

《企业会计准则》,由基本准则、具体准则、会计准则应用指南和解释公告等组成。基本准则明确了企业编制财务会计报告的目标,对财务会计报告的概念、组成和各组成部分反映的内容作了总体性规定,为具体准则提供了基本框架。具体准则及会计准则应用指南根据基本准则的要求,对财务会计报告的内容和编制等各方面作了具体规定。如财务报表列报准则及其应用指南,对财务会计报告的列报、组成、编制范围及格式等作出了规范。此外,现金流量表准则、中期财务报告准则和合并财务报表准则等也对相关内容作了规定。解释公告则是对实务中遇到的有关财务会计报告的相关问题进行详细阐述。

(四)其他相关法律、法规

除了《会计法》和国家统一的会计准则、制度等对财务会计报告的约束外,财务会计报告的编制和提供还应遵守公司法、证券法和税法等有关法律、法规的约束。需要说明的是小企业还应遵循《小企业会计制度》的相关规定。

另外,随着我国证券市场的发展,为了加强对上市企业运作的监管,中国证监会陆续颁发了多项行政法规,包括《公开发行证券的公司信息披露内容与格式准则》。因此,公开发行股票的企业,还必须遵循中国证监会所发布的上述准则及其他相关规定。

二、财务会计报告的列报要求

财务会计报告是企业财务会计确认与计量的最终结果体现,是投资者、债权人等使用者与企业管理层之间沟通信息的桥梁与纽带。为了提高财务报表的信息质量,使财务报表反映的会计信息在不同企业具有横向可比性,在同一企业不同时期具有纵向可比性,有必要对财务报表的列报进行规范。

(一)列报基础

企业应以持续经营为基础,根据实际发生的交易和事项,按照《企业会计准则——基本准则》和其他各项会计准则的规定进行确认和计量,并在此基础上编制财务会计报告。企业在编制财务会计报表时,企业管理层应对企业可持续经营的能力进行评价,考虑包括市场经营风险、企业盈利能力、偿债能力、财务弹性以及企业管理层改变经营政策的意向等,评价后对企业的持续经营能力产生严重怀疑的,应对导致企业持续经营能力产生重大怀疑的重要的不确定因素在附注中加以充分披露。非持续经营是企业的一种非正常状态,它往往取决于企业所处的环境及企业管理部门的判断。当企业出现下列情况之一时,通常可以判断企业处于非持续经营状态中:(1)企业在当期已经进行清算或停止营业;(2)企业已经正式决定在下一个会计期间进行清算或停止营业;(3)企业已确定在当期或下一个会计期间没有其他可供选择的方案而将被迫进行清算或停止营业。企业处于非持续经营状态,说明以持续经营为基础编制财务报表已不再合理,应当采用其他基础编制财务报表,如破产企业的资产应当采用可变现净值计量，负债应当按照其预计的结算金额计量等。同时在附注中声明财务报表未以持续经营为基础列报，披露未以持续经营为基础的原因以及财务报表的编制基础。但是企业不能以附注披露代替确认和计量。就是说，企业对发生的经济业务事项应该首先按相关规定对其进行确认和计量，不得用附注披露的方式来代替确认与计量。

（二）列报的一致性

列报的一致性要求财务报表中的列报，包括财务报表中的项目名称、项目分类和排列顺序等方面应在各个会计期间保持一致，不得随意变更。目的是使同一企业不同期间和同一期间不同企业的财务报表能够相互可比。但有两种情况，财务报表的列报可以改变：(1)会计准则要求改变；(2)企业的经营性质发生重大变化，改变后的列报能够提供更可靠的、且对财务会计报告使用者更相关的信息，同时也不损害可比信息。

（三）重要性项目单独列报

企业在编制财务报表的过程中，应当依据重要性原则判断财务报表项目是单独列报还是合并列报。一般来说，性质或功能不同的项目，应当在财务报表中单独列报，但如果是一些不重要的项目也可以合并列报。性质和功能类似的项目，一般可以合并列报，但对重要的类别应当单独列报。比如长期股权投资和固定资产在性质和功能上都有本质差别，必须在资产负债表中单独列报。原材料、低值易耗品等项目在性质上类似，因此可以合并后以“存货”项目列报。以上项目单独列报的原则不仅适用于财务报表，还适用于附注。

重要性，是指如果项目的省略或误报会单独或共同影响内外部使用者作出经济决策，则该项目是重要的。重要性应当根据企业所处的环境，从项目的性质和金额大小两方面加以判断。其中项目的性质应当考虑该项目是否属于企业日常活动，是否对企业的财务状况和经营成果具有较大影响等因素；项目金额大小的重要性，应当通过单项金额占资产总额、负债总额、所有者权益总额、营业收入总额、营业成本总额、净利润等直接相关项目金额的比重加以确定。

（四）有关抵销的界定

财务报表中的资产项目和负债项目的金额、收入项目和费用项目的金额不得相互抵销，但会计准则另有规定的除外。这实质上是要求财务报表应以总额列报，不得以净额列报。因为以总额列报，可以提供更为客观完整的会计信息。比如，企业欠客户的应付账款不得与其他客户欠本企业的应收账款相抵销，如果互相抵销就掩盖了交易的实质。又如，一家企业的固定资产原值为 100 万元，已提折旧 70 万元，则其净值为 30 万元。按总额列报的要求须分别列报原值和折旧，按净额列报的要求只列报净值即可。两种方法所反映的会计信息是有明显区别的。

值得注意的是有以下两种情况，不属于抵销，可以以净额列示：(1)资产项目按扣除减值准备后的净额列示，不属于抵销。因为对资产计提减值准备，实际上意味着资产发生了减值，按扣除减值准备后的净额列示，反映了资产的可回收金额，是其真实价值的体现。比如存货跌价准备与存货项目、应收账款计提的坏账准备与应收账款项目按抵减后的余额列报不属于抵销。(2)非日常活动产生的损益,以收入扣减费用后的净额列示,不属于抵销。因为非日常活动的发生具有偶然性,并非企业的主要业务,从重要性来说,以净额列示更有利于报表使用者的理解。比如非流动资产处置产生的利得与损失,按处置收入扣除该资产账面金额与相关销售费用后的余额列报不属于抵销。若这些利得与损失是重要的,则应单独列报。

(五)比较信息的列报

企业在列报当期财务报表时,至少应当提供所有列报项目上一可比会计期间的比较数据,以及与理解当期财务报表相关的说明,其他会计准则另有规定的除外。其目的是向报表使用者提供对比数据,提高信息在会计期间的可比性,以反映企业财务状况、经营成果和现金流量的发展趋势,提高报表使用者的判断和决策能力。但必须注意的是,当财务报表项目的列报发生变更时,应当对上期比较数据按照当期的列报要求进行调整,并在附注中披露调整的原因和性质,以及调整的各项目金额。如果对上期比较数据进行调整不切实可行,应当在附注中披露不能调整的原因。所谓不切实可行,是指企业在做出所有合理努力后仍然无法采用某项规定。

(六)财务报表表首的列报要求

财务报表一般分为表首、正表两部分,其中在表首部分企业应当概括地说明下列基本信息:①编报企业的名称,如企业名称在所属当期发生了变更的,还应明确标明;②对资产负债表而言,须披露资产负债表日,对利润表、现金流量表和所有者权益变动表而言,须披露报表涵盖的会计期间;③货币名称和单位,按规定我国企业应当以人民币作为记账本位币,并标明金额单位,如人民币元、人民币万元等。④财务报表是合并财务报表的,应当予以标明。

企业至少应当按年编制财务报表。根据《会计法》的规定,会计年度是自公历1月1日起至12月31日止。但是,在编制年度财务报表时,可能存在年度财务报表涵盖的期间短于一年的情况。比如企业在年度中间才开始设立,在这种情况下,企业应当披露年度财务报表的实际涵盖期间及其短于一年的原因,并应当说明由此引起财务报表项目与上期比较数据不具有可比性这一事实。

三、财务会计报告的呈报要求

财务会计报告的呈报是指财务会计报告的对外提供,包括向投资者、债权人等有关各方提供财务会计报告,并确保财务会计报告提供的信息对使用者作出决策是有用的。按照我国有关会计法规的规定,企业对外提供的财务会计报告反映的会计信息应当是真实、完整的。尤其是向不同的会计资料使用者提供的财务会计报告,其编制依据应当一致,不得对外提供虚假的或者隐瞒重要事实的财务会计报告。关于对外提供财务会计报告方面的具体要求,可归纳为:

(一)呈报时间要求

及时性要求企业按照国家规定的有关时限,及时地将编制的财务会计报告传递给财务会计报告使用者,不得提前或者延后,以便于其及时使用和决策。我国会计制度对财务会计报告的对外提供期限作了如下规定:月度中期财务会计报告应当于月份终了后6天内(节假日顺延,下同)对外提供;季度中期财务会计报告应当于季度终了后15天内对外提供;半年度中期财务会计报告应当于年度中期结束后60天内(相当于两个连续的月份)对外提供;年度财务会计报告应当于年度终了后4个月内对外提供。

企业应当依照有关法律、行政法规和制度规定的结账日进行结账。根据规定,我国企业会计的年度结账日为公历年度每年的12月31日;半年度、季度、月度结账日分别为公历年度每半年、每季、每月的最后一天。企业在任何情况下都不能为赶编财务会计报告而提前结账,也不能随意延迟结账。

(二)外观形式要求及相关手续

企业对外提供的财务会计报告应当依次编写页数,加具封面,装订成册,加盖公章。封面上应当注明企业名称、企业统一代码、组织形式、地址、报表所属年度或者月份、报出日期,并由企业负责人和主管会计工作的负责人、会计机构负责人(会计主管人员)签名并盖章,设置有总会计师的企业,还应当由总会计师签名并盖章。

这里的签名并盖章包含了两层含义:(1)明确财务会计报告的签章人。根据规定,单位负责人、主管会计工作的负责人、会计机构负责人(会计主管人员)、总会计师都是财务会计报告的责任人,均应当在财务会计报告上签名并盖章。(2)财务会计报告的签章程序包括"签名并盖章",既要签名又要盖章。目的是为了严格程序,明确责任。说明单位领导人已经认真审阅了财务会计报告的内容,且没有异议,并对财务会计报告的真实性、完整性承担法律责任。

(三)呈报对象要求

企业应当依法向有关各方提供财务会计报告。包括:

(1)企业应当依照企业章程的规定,向投资者提供财务会计报告。

(2)国务院派出监事会的国有重点大型企业、国有重点金融机构和省、自治区、直辖市人民政府派出监事会的国有企业,应当依法定期向监事会提供财务会计报告。

(3)国有企业、国有控股的或者占主导地位的企业,应当至少每年一次向本企业的职工代表大会公布财务会计报告。

(4)有关部门或者机构依照法律、行政法规或者国务院的规定,要求企业提供部分或者全部财务会计报告及其有关数据的,应当向企业出示依据,并不得要求企业改变财务会计报告有关数据的会计口径。

(5)非依照法律、行政法规或者国务院的规定,任何组织或者个人不得要求企业提供部分或者全部财务会计报告及其有关数据。

(6)企业按规定向有关各方提供的财务会计报告,其编制基础、编制依据、编制原则和方法应当一致,不得提供编制基础、编制依据、编制原则和方法不同的财务会计报告。

此外,财务会计报告须经注册会计师审计的,企业应当将注册会计师及其会计师事务所出具的审计报告随同财务会计报告一并对外提供。注册会计师、会计师事务所审计企业财务会计报告,应当依照有关法律、行政法规以及注册会计师执业规则的规定进行,并对所出具的审计报告负责。接受企业财务会计报告的组织或者个人,在企业财务会计报告未正式对外披露前,应当对其内容保密。

四、财务会计报告的法律责任

(一)责任主体

明确财务会计报告的责任主体,对规范会计行为,保证会计信息质量具有重要意义。我国《会计法》规定,"单位负责人对本单位的会计工作和会计资料的真实性、完整性负责";"单位负责人应当保证财务会计报告真实、完整"。这就明确了单位负责人是财务会计报告的责任主体,也就是说,单位财务会计报告出了问题,首先要追究单位负责人的责任。单位负责人,是指单位法定代表人或者法律、行政法规规定代表单位行使职权的主要负责人。

财务会计报告不仅是一个单位会计工作的最终成果,更是一个单位财务状况和经营成果的全面总结和综合体现。财务会计报告虽然主要是由会计人员编制的,但财务会计报告的编制不是会计人员的个人行为,会计人员只不过是按照国家统一的会计制度规定的方法,将本单位经济业务事项的发生过程及结果进行记录、归纳、整理、加工,使之成为有用的会计资料并体现在财务会计报告中。可以说,财务会计报告所反映的情况是单位全体经营管理人员工作成果的综合体现。单位负责人作为单位的法定代表人,依法代表单位行使职权,应当对本单位对外提供的财务会计报告的质量负责。

当然,明确单位负责人为本单位财务会计报告的责任主体,并不是要求单位负责人事必躬亲、直接代替会计人员办理会计事务,而是要求负责人应当建立健全有效的内部控制制度、内部制约机制,明确会计工作相关人员的职责权限、工作规程和纪律要求,并有正常途径可以了解上述制度的执行情况和会计工作相关人员履行职责情况;保证单位负责人的管理意志在各个环节得以实施;保证会计工作相关人员按照单位负责人认可的程序、要求办理会计事务;保证办理会计事务的规则、程序能够有效防范、控制违法、舞弊等会计行为的发生。

(二)法律责任

《企业财务会计报告条例》对相关法律责任作了明确规定:

(1)有下列行为之一的,由县级以上人民政府财政部门责令限期改正,对企业可以处 3 000 元以上 5 万元以下的罚款;对直接负责的主管人员和其他直接责任人员,可以处 2 000 元以上 2 万元以下的罚款;属于国家工作人员的,并依法给予行政处分或者纪律处分。

①随意改变会计要素的确认和计量标准的；

②随意改变财务会计报告的编制基础、编制依据、编制原则和方法的；

③提前或者延迟结账日结账的；

④在编制年度财务会计报告前，未按照规定全面清查资产、核实债务的；

⑤拒绝财政部门和其他有关部门对财务会计报告依法进行的监督检查，或者不如实提供有关情况的。

会计人员有上述所列行为之一，情节严重的，由县级以上人民政府财政部门吊销会计从业资格证书。

(2)企业编制、对外提供虚假的或者隐瞒重要事实的财务会计报告，构成犯罪的，依法追究刑事责任；尚不构成犯罪的，由县级以上人民政府财政部门予以通报，对企业可以处 5 000 元以上 10 万元以下的罚款；对直接负责的主管人员和其他直接责任人员，可以处 3 000 元以上 5 万元以下的罚款；属于国家工作人员的，并依法给予撤职直至开除的行政处分或者纪律处分；对其中的会计人员，情节严重的，并由县级以上人民政府财政部门吊销会计从业资格证书。

(3)授意、指使、强令会计机构、会计人员及其他人员编制、对外提供虚假的或者隐瞒重要事实的财务会计报告，或者隐匿、故意销毁依法应当保存的财务会计报告，构成犯罪的，依法追究刑事责任；尚不构成犯罪的，可以处 5 000 元以上 5 万元以下的罚款；属于国家工作人员的，并依法给予降级、撤职、开除的行政处分或者纪律处分。

(4)违反规定，要求企业向其提供部分或者全部财务会计报告及其有关数据的，由县级以上人民政府责令改正。

第三节　财务会计报告编制的准备工作

一、账项调整

根据基本准则规定，企业应当对其本身发生的交易或者事项进行会计确认、计量和报告，并且要求反映及时，不得提前或者延后。而检查、确定收入和费用是否得到了全面、充分的反映，与会计确认的基础——收付实现制和权责发生制有着紧密的联系。

会计记账有两种记账基础：收付实现制和权责发生制。收付实现制，也称现金制，它是以现金收到或付出为标准来记录收入的实现或费用的发生。按照收付实现制，收入和费用的归属期间将与现金收支行为的发生与否紧密地联系在一起。换言之，现金收支行为在其发生的期间全部记作收入和费用的，而不考虑与现金收支行为相连的经济业务实质上是否发生。权责发生制的规定与收付实现制不同，它是以权利或责任的发生与否为标准来确认收入和费用的，即凡是收取一项收入的权利已经具备，不论企业是否取得这项收入上的现金，都应该确认为收入；同样，只要主体已承担某项费用的义务，即使与该项义务相关联的现金支出行为尚未发生，也应入账并确认为费用。按照这一描述，权责发生制和收付实现制是两个截然相反的记账基础，前者以权利或责任的发生与否为标准来记录经济业务并确认收入和费用，后者则是以现金的收付行为是否发生为依据确认收入与费用。相比之下，收付实现制对未收取的收入和未支付的费用，均不列入当期损益，也不入账，不能公正地反映会计主体各期的经营成果；而权责发生制却能较为合理地反映当期的经营成果。因此，在实际的会计工作中，除一些规模极小的零售业外，一般已不用收付实现制作为记账的基础。我国"会计基本准则"第九条也明确规定："企业应当以权责发生制为基础进行会计确认、计量和报告。"

尽管权责发生制是较为合理的记账基础，但如果企业在日常的会计工作中对每项业务都按权责发生制来记录，则可能产生很多的麻烦。例如，利息收入和利息费用理论上是随时间的推移而发生的，但企业如果每天都记录增加的利息收入或费用，不仅繁琐、工作量大，而且也没有必要。通常，企业都将在收到利息收入或支付利息费用时，才予以记录。比如固定资产，在取得时记入"固定资产"账户，到每期期末结账时，再根据该资产的实际耗用情况，计算并记录应转作费用的部分。

由于企业平时对部分业务按现金收支的行为予以入账，因此，每个会计期间的期末都应该按权责发生制予以调整，以便合理地反映企业的经营成果。这种期末按权责发生制要求对部分会计事项予以调整的行为，就是账项调整；账项调整时所编制的会计分录，就是调整分录。企业需要调整账项多少，视企业规模的大小及相关经济业务发生的多少而定，但通常的账项调整包括五类：①应计收入的记录。包括应计业务收入、应计利息收入。②应计费用的记录。包括应付服务费用、应计利息费用。③预收收入的分配。④预付费用的摊销。⑤折旧的调整等。

二、财产清查

财产清查是指企业对其财产、物资和债权债务等进行核查，以确保其与账面相符的一项会计程序。由于财务会计报告是对会计日常核算的总结，为了保证财务会计报告所反映的情况真实、数字准确，在编制财务会计报告前必须进行财产清查。企业在编制年度财务会计报告前，应当按照规定，全面清查资产、核实债务。包括：

(1)结算款项，包括应收款项、应付款项、应交税金等是否存在，与债务、债权单位的相应债务、债权金额是否一致。

(2)原材料、在产品、自制半成品、库存商品等各项存货的实存数量与账面数量是否一致，是否有报废损失和积压物资等。

(3)各项投资是否存在，投资收益是否按照国家统一的会计制度规定进行了确认和计量。

(4)房屋建筑物、机器设备、运输工具等各项固定资产的实存数量与账面数量是否一致。

(5)在建工程的实际发生额与账面记录是否一致。

(6)需要清查、核实的其他内容。

企业通过清查、核实,查明财产物资的实存数量与账面数量是否一致、各项结算款项的拖欠情况及其原因、材料物资的实际储备情况、各项投资是否达到预期目的、固定资产的使用情况及其完好程度等。企业清查、核实后,应当将清查、核实的结果及其处理办法向企业的董事会或相应机构报告,并根据国家统一的会计制度的规定进行相应的会计处理。企业应当在年度中间根据具体情况,对各项财产物资和结算款项进行重点抽查、轮流清查或者定期清查。

三、对账和结账

企业在编制财务会计报告前,除应当全面清查资产、核实债务外,为了确保账面数据的完整准确,还应当进行对账,同时做好结账工作。

(一)对账

对账就是账目之间的核对。是为了确保会计日常核算数据的正确性而进行的一项会计程序。对账工作主要有以下几方面:

(1)账证核对。各种账簿记录应该和记账凭证核对相符。

(2)账账核对。包括总账有关账户的余额核对、总账和日记账核对、总账和明细账核对及不同部门之间所做明细账核对。

(3)账实核对。现金、银行存款、财产物资等会计账簿的账面余额应当和库存的实际余额核对相符。通过核对各种账簿记录中的自动平衡和互相勾稽关系,促使账证相符、账账相符、账款相符和账物相符。如有不相符,应当及时查明原因,纠正错误,确保日常核算和财务会计报告的正确性。

(二)结账

结账是指当期的全部交易和事项(包括过去发生的交易事项和调整记录)已编制了记账凭证,并已全部登记入账,计算各账户的本期发生额和余额,从而全面反映各项经济活动对企业财务状况和经营成果的影响。结账是一个过程,包括以下基本程序:

(1)查明本期所发生的交易或事项是否已全部登记入账。

(2)在全面入账的基础上,按照权责发生制的原则将收入和费用归属于各个相应的会计期间,即编制调整分录。

(3)编制结账分录。对于各种收入、费用类账户的余额,应在有关账户之间进行结转。结账分录也需要登记到相应的账簿中去。

(4)计算各账户的本期发生额合计和期末余额,划双红线以结束本期记录。然后,将期末余额结转下期,作为下一个会计期间的期初余额。通过结账,使已记录和储存的会计信息进一步提高清晰性、可靠性和相关性,便于通过财务报表输出并充分加以利用。

此外，企业在编制财务会计报告前还应当做好以下三项工作：(1)检查相关的会计核算是否按照国家统一的会计制度的规定进行；(2)对于国家统一的会计制度没有规定统一核算方法的交易、事项，检查其是否按照会计核算的一般原则进行确认和计量以及相关账务处理是否合理；(3)检查是否存在因会计差错、会计政策变更等原因需要调整前期或者本期相关项目的情况。

思考题

1. 什么是财务会计报告？它由哪几部分构成？
2. 财务会计报告可按哪些标准分类？分别包括哪些内容？
3. 企业编制财务会计报告的目标是什么？
4. 企业编制财务会计报告的主要作用体现在哪几个方面？
5. 企业编制财务会计报告应遵循哪些基本要求？
6. 财务会计报告呈报的要求有哪些？
7. 财务会计报告的责任主体是谁？它应负有哪些责任？
8. 财务会计报告编制前应做好哪些准备工作？

第二章

资产负债表

第一节　资产负债表的结构

一、资产负债表的内容

资产负债表是反映企业在某一特定日期的财务状况的报表。它是根据"资产=负债+所有者权益"这一会计等式,依照一定的分类标准和顺序,反映企业一定日期(年末、半年末、季末、月末)的资产、负债和所有者权益情况的会计报表。

(一)资产

资产是指企业过去的交易或者事项形成、由企业拥有或控制的、预期会给企业带来经济利益的资源。资产应当按照流动资产和非流动资产分类,并进一步按性质分项列示。

流动资产是指预计在一个正常营业周期中变现、出售或耗用,或者主要为交易目的而持有,或者预计在资产负债表日起一年内(含一年)变现的资产,或者自资产负债表日起一年内交换其他资产或清偿负债的能力不受限制的现金或现金等价物。其中,正常营业周期通常是指企业从购买用于加工的资产至实现现金或现金等价物的期间。正常营业周期通常短于一年,在一年内有几个营业周期。但是,也存在正常营业周期长于一年的情况,如房地产开发企业用于出售的房地产开发产品、造船企业制造的用于出售的大型船只等,往往超过一年才变现、出售或耗用,但仍应划归为流动资产。正常营业周期不能确定的应当以一年(12个月)作为正常营业周期。

流动资产项目通常包括:货币资金、交易性金融资产、应收票据、应收账款、预付款项、应收利息、应收股利、其他应收款、存货、一年内到期的非流动资产等。

流动资产以外的资产应当归类为非流动资产。非流动资产项目通常包括:长期股权投资、固定资产、在建工程、固定资产清理、无形资产、开发支出、长期待摊费用以及其他非流动资产等。

（二）负债

负债是指企业过去的交易或者事项形成的、预期会导致经济利益流出企业的现时义务。负债应当按照流动负债和非流动负债分类，并进一步按性质分项列示。

流动负债是指预计在一个正常营业周期中清偿，或者主要为交易目的而持有，或者自资产负债表日起一年内到期应予以清偿，或者企业无权自主地将清偿推迟至自资产负债表日后一年以上的负债。

流动负债项目通常包括：短期借款、应付票据、应付账款、预收款项、应付职工薪酬、应交税费、应付利息、应付股利、其他应付款、一年内到期的非流动负债等。

非流动负债是指流动负债以外的负债。非流动负债项目通常包括：长期借款、应付债券、其他非流动负债等。

（三）所有者权益

所有者权益是指企业资产扣除负债后由所有者享有的剩余权益。它反映企业在某一特定日期股东（投资者）拥有的净资产的总额，一般按照净资产的不同来源和特定用途进行分类，并按照实收资本、资本公积、盈余公积和未分配利润等项目分项列示。

二、资产负债表的结构

目前，国际上流行的资产负债表的格式主要有账户式和报告式，各国根据需要分别采用不同的格式。

（一）报告式资产负债表的结构

报告式资产负债表又称垂直式资产负债表，是将资产负债表的项目自上而下排列，首先列示资产项目，其次列示负债项目，最后列示所有者权益项目。其平衡关系体现为资产总额减去负债总额等于所有者权益总额，突出强调的是企业的所有者权益情况。报告式资产负债表便于编制比较资产负债表，但反映出的资产、负债和所有者权益之间的关系并不一目了然。报告式资产负债表的简化格式见表2-1。

表2-1　资产负债表（报告式）

项　目	金　额
资产：	
流动资产	
非流动资产	
资产合计	
负债：	
流动负债	
非流动负债	

续表

项　目	金　额
负债合计	
所有者权益(或股东权益)：	
实收资本(股本)	
资本公积	
盈余公积	
未分配利润	
所有者权益或股东权益合计	

(二)账户式资产负债表的结构

账户式资产负债表又称平衡式资产负债表，是将资产项目列在表体部分的左方，将负债和所有者权益项目列在表体部分的右方，犹如会计中"T"型账户的左右分列。其平衡关系体现为左方的资产总额等于右方负债和所有者权益总额的合计。优点是"资产＝负债＋所有者权益"的会计等式关系一目了然，缺点是不便于编制比较资产负债表。账户式资产负债表的简化格式见表 2-2。

表 2-2　资产负债表(账户式)

资　产	金　额	负债和所有者权益	金　额
流动资产		流动负债	
长期股权投资		非流动负债	
固定资产		负债合计	
无形资产		实收资本	
长期待摊费用		资本公积	
其他非流动资产		盈余公积	
		未分配利润	
		所有者权益合计	
资产合计		负债和所有者权益合计	

根据《企业会计准则》的规定，企业的资产负债表一般采用账户式结构，具体格式见表 2-6。左方为资产项目，按资产的流动性强弱排列，流动性强的资产排列在前，流动性弱的资产排列在后。右方为负债及所有者权益项目，一般按要求清偿时间的先后顺序排列，需要在一年以内或者长于一年的一个正常营业周期内偿还的流动负债排在前面，一年以上才需偿还的非流动负债排在中间，在企业清算之前不需要偿还的所有

者权益项目排在最后。

第二节　资产负债表的编制方法

一、资产负债表的编制方法

(一)资产负债表"年初余额"的填列方法

资产负债表的"年初余额"栏,应根据上年度资产负债表各项目的"期末余额"栏内所列数字填列。如果本年度资产负债表规定的项目名称和内容同上年度资产负债表有不一致的,应对上年度资产负债表的项目名称和内容按本年度的规定作相应调整,按调整后的数字填入本表的"年初余额"栏内。

(二)资产负债表"期末余额"的填列方法

资产负债表的"期末余额"栏,应当依据企业总分类账期末余额或有关明细账的期末余额分析计算填列。有关报表中资产类项目,一般根据各资产类科目的借方余额填列;有关负债类和所有者权益类项目,一般应根据各相应科目的贷方余额填列。但是,由于资产负债表的项目与科目之间不完全是一一对应关系,因此,报表中的一些项目需要对有关科目进行加工、整理后计算填列。根据资产负债表各项目的内容与填列方法,资产负债表期末余额的填列方法可归类为五种。

1.根据总账科目的余额直接填列

如交易性金融资产、固定资产清理、递延所得税资产、短期借款、交易性金融负债、应付票据、应付职工薪酬、应交税费、应付利息、应付股利、其他应付款、递延所得税负债、实收资本、资本公积、库存股、盈余公积等项目,应当根据相关总账科目的余额直接填列。

2.根据几个总账科目的期末余额计算填列

如"货币资金"项目,应当根据"库存现金"、"银行存款"、"其他货币资金"等科目期末余额合计填列。

3.根据有关明细科目的余额计算填列

如"应付账款"项目,应当根据"应付账款"、"预付账款"等科目所属明细科目期末贷方余额合计填列。

4.根据总账科目和明细科目的余额分析计算填列

如"长期借款"项目,应当根据"长期借款"总账科目余额扣除"长期借款"科目所属明细科目中将于一年内到期、且企业不能自主地将清偿义务展期的部分后的金额计算填列。

5.根据总账科目与其备抵科目抵销后的净额填列

如"存货"项目,应当根据"原材料"、"材料采购"、"在途物资"、"库存商品"、"委托加工物资”、“发出商品”、“周转材料”、“材料成本差异”等总账科目期末余额的分析汇总数，减去“存货跌价准备”科目期末余额后的金额填列。

二、资产负债表各项目的内容和填列说明

(一)资产项目内容和填列说明

1.“货币资金”项目

本项目反映企业库存现金、银行存款、外埠存款、银行汇票存款、银行本票存款、信用卡存款、信用证保证金存款、存出投资款等货币资金的合计数。本项目应根据“库存现金”、“银行存款”、“其他货币资金”科目期末余额的合计数填列。

【例 2-1】 某企业 12 月 31 日结账后的“库存现金”科目余额为 7 000 元、“银行存款”科目余额为 4 200 000 元、“其他货币资金”科目余额为 200 000 元。

“货币资金”项目金额：7 000＋4 200 000＋200 000＝4 407 000(元)

2.“交易性金融资产”项目

本项目反映企业以公允价值计量且其变动计入当期损益的为交易目的所持有的债券投资、股票投资、基金投资和权证投资等金融资产。本项目应根据“交易性金融资产”总账科目的期末余额填列。

【例 2-2】 某企业 12 月 31 日结账后的“交易性金融资产”科目余额为 180 000 元。

“交易性金融资产”项目金额：180 000 元

3.“应收票据”项目

本项目反映企业因销售商品、提供劳务等而收到的商业汇票，包括商业承兑汇票和银行承兑汇票。本项目应根据“应收票据”科目的期末余额，减去“坏账准备”科目中有关应收票据计提的坏账准备期末余额后的金额填列。注意已向银行贴现和已背书转让的应收票据不包括在本项目内。

【例 2-3】 某企业 12 月 31 日结账后“应收票据”科目期末余额为 100 000 元，“坏账准备”科目中有关应收票据计提的坏账准备为 1 000 元。

“应收票据”项目金额：100 000－1 000＝99 000(元)

4.“应收账款”项目

本项目反映企业因销售、提供劳务等经营活动而应向购买单位收取的各种款项。本项目应根据“应收账款”和“预收账款”科目所属各明细科目的期末借方余额合计数，减去“坏账准备”科目中有关应收账款计提的坏账准备期末余额后的金额填列。如果“应收账款”科目所属明细科目期末有贷方余额的，应在本表“预收款项”项目内填列。

【例 2-4】 某企业 12 月 31 日结账后“应收账款”科目总账余额为 560 000 元，其所属各明细科目的期末借方余额合计为 700 000 元，期末贷方余额合计为 140 000 元，“坏账准备”科目中有关应收账款计提的坏账准备为 36 000 元；“预收账款”科目总账余额为 410 000 元，所属各明细科目的期末借方余额合计为 120 000 元，期末贷方余额合

计为530 000元。

“应收账款”项目金额：700 000＋120 000－36 000＝784 000(元)

5.“预付款项”项目

本项目反映企业按照购货合同规定预付给供应单位的款项等。本项目应根据“预付账款”和“应付账款”科目所属各明细科目的期末借方余额合计数，减去“坏账准备”科目中有关预付款项计提的坏账准备期末余额后的金额填列。如“预付账款”科目所属各明细科目期末有贷方余额的，应在本表“应付账款”项目内填列。

【例2-5】 某企业12月31日结账后“预付账款”科目总账余额为380 000元，所属各明细科目的期末借方余额合计为400 000元，期末贷方余额合计为20 000元；“应付账款”科目总账余额为650 000元，所属各明细科目的期末借方余额合计为150 000元，期末贷方余额合计为800 000元，“坏账准备”科目中有关预付款项计提的坏账准备为21 000元。

“预付款项”项目金额：400 000＋150 000－21 000＝529 000(元)

6.“应收利息”项目

本项目反映企业应收取的债券投资等的利息。本项目应根据“应收利息”科目的期末余额，减去“坏账准备”科目中有关应收利息计提的坏账准备期末余额后的金额填列。

7.“应收股利”项目

本项目反映企业应收取的现金股利和应收取其他单位分配的利润。本项目应根据“应收股利”科目的期末余额，减去“坏账准备”科目中有关应收股利计提的坏账准备期末余额后的金额填列。

8.“其他应收款”项目

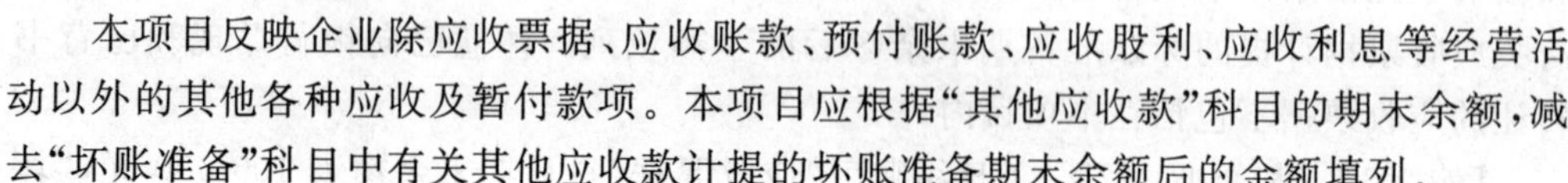

本项目反映企业除应收票据、应收账款、预付账款、应收股利、应收利息等经营活动以外的其他各种应收及暂付款项。本项目应根据“其他应收款”科目的期末余额，减去“坏账准备”科目中有关其他应收款计提的坏账准备期末余额后的金额填列。

【例2-6】 某企业12月31日结账后“其他应收款”科目余额为58 000元，“坏账准备”科目中有关其他应收款计提的坏账准备为2 200元。

“其他应收款”项目金额：58 000－2 200＝55 800(元)

9.“存货”项目

本项目反映企业期末在库、在途和在加工中的各种存货的可变现净值，包括各类材料、库存商品、在产品、半成品、产成品及包装物、低值易耗品、委托代销商品等。本项目应根据“材料采购”、“在途物资”、“原材料”、“库存商品”、“发出商品”、“委托加工物资”、“周转材料”、“委托代销商品”、“生产成本”等科目的期末余额合计，减去“存货跌价准备”、“受托代销商品款”科目期末余额后的金额填列。材料采用计划成本核算的，以及库存商品采用计划成本核算或售价核算的企业，还应按加或减材料成本差异、商品进销差价后的金额填列。

【例 2-7】 某企业采用计划成本核算存货，12 月 31 日结账后有关科目余额为："材料采购"科目借方余额 158 000 元，"原材料"科目借方余额 1 670 000 元，"周转材料"科目借方余额 530 000 元，"库存商品"科目借方余额 1 020 000 元，"委托加工物资"科目借方余额 42 000 元，"材料成本差异"科目贷方余额 100 000 元，"存货跌价准备"科目贷方余额 170 000 元。

"存货"项目金额：

158 000＋1 670 000＋530 000＋1 020 000＋42 000－100 000－170 000
＝3 150 000(元)

10."可供出售金融资产"项目

本项目反映企业持有的以公允价值计量的可供出售的股票投资、债券投资等金融资产。本项目应根据"可供出售金融资产"科目的期末余额，减去"可供出售金融资产减值准备"科目期末余额后的金额填列。

11."持有至到期投资"项目

本项目反映企业持有的以摊余成本计量的持有至到期投资。本项目应根据"持有至到期投资"科目的期末余额，减去"持有至到期投资减值准备"科目期末余额后的金额填列。

12."长期应收款"项目

本项目反映企业因融资租赁产生的应收款项、采用递延方式具有融资性质的销售商品和提供劳务等产生的长期应收款项等。本项目应根据"长期应收款"科目的期末余额，减去相应的"未实现融资收益"科目和"坏账准备"科目所属相关明细科目期末余额后的金额填列。

13."长期股权投资"项目

本项目反映企业持有的对子公司、联营企业和合营企业的长期股权投资。本项目应根据"长期股权投资"科目的期末余额，减去"长期股权投资减值准备"科目期末余额后的金额填列。

【例 2-8】 某企业 12 月 31 日结账后"长期股权投资"科目余额为 250 000 元，"长期股权投资减值准备"科目余额为 7 000 元。

"长期股权投资"项目金额：250 000－7 000＝243 000(元)

14."投资性房地产"项目

本项目反映企业持有的投资性房地产。企业采用成本模式计量投资性房地产的，本项目应根据"投资性房地产"科目的期末余额，减去"投资性房地产累计折旧(摊销)"和"投资性房地产减值准备"科目期末余额后的金额填列。企业采用公允价值模式计量投资性房地产的，本项目应根据"投资性房地产"科目的期末余额填列。

15."固定资产"项目

本项目反映企业各种固定资产原价减去累计折旧和固定资产减值准备后的净额。

本项目应根据“固定资产”科目的期末余额，减去“累计折旧”和“固定资产减值准备”科目期末余额后的金额填列。

【例2-9】 某企业12月31日结账后“固定资产”科目余额为1 250 000元，“累计折旧”科目余额为100 000元，“固定资产减值准备”科目余额为150 000元。

“固定资产”项目金额：1 250 000－100 000－150 000＝1 000 000(元)

16.“在建工程”项目

本项目反映企业期末各项基建、更新改造等未完工程的实际支出，包括交付安装的设备价值、未完建筑安装已经耗用的材料、工资和费用支出、预付出包工程的价款等的可收回金额。本项目应根据“在建工程”科目的期末余额，减去“在建工程减值准备”科目期末余额后的金额填列。

【例2-10】 某企业一项建筑工程正在建设，12月31日结账后“在建工程”科目余额为550 000元，“在建工程减值准备”科目余额为6 000元工。

“在建工程”项目金额：550 000－6 000＝544 000(元)

17.“工程物资”项目

本项目反映企业尚未使用的各项工程物资的实际成本。本项目应根据“工程物资”科目的期末余额，减去“工程物资减值准备”科目期末余额后的金额填列。

18.“固定资产清理”项目

本项目反映企业因出售、报废、毁损等原因转入清理但尚未清理完毕的固定资产的净值，以及固定资产清理过程中所发生的清理费用和变价收入等各项金额的差额。本项目应根据“固定资产清理”科目的期末借方余额填列；如“固定资产清理”科目期末为贷方余额，以“－”号填列。

19.“生产性生物资产”项目

本项目反映企业持有的生产性生物资产。本项目应根据“生产性生物资产”科目的期末余额，减去“生产性生物资产累计折旧”和“生产性生物资产减值准备”科目期末余额后的金额填列。

20.“无形资产”项目

本项目反映企业持有的无形资产，包括专利权、非专利技术、商标权、著作权、土地使用权等。本项目应根据“无形资产”科目的期末余额，减去“累计摊销”和“无形资产减值准备”科目期末余额后的金额填列。

【例2-11】 某企业12月31日结账后“无形资产”科目余额为300 000元，“累计摊销”科目余额为15 000元，“无形资产减值准备”科目余额为57 000元。

“无形资产”项目金额：300 000－15 000－57 000＝228 000(元)

21.“开发支出”项目

本项目反映企业开发无形资产过程中能够资本化形成无形资产成本的支出部分。本项目应根据“研发支出”科目中所属的“资本化支出”明细科目期末余额填列。

22.“商誉”项目

本项目反映企业合并中形成的商誉的价值。应根据“商誉”科目的期末余额，减去相应减值准备后的金额填列。

23.“长期待摊费用”项目

本项目反映企业已经发生但应由本期和以后各期负担的分摊期限在一年以上的各项费用。长期待摊费用中在一年内(含一年)摊销的部分，在资产负债表“一年内到期的非流动资产”项目填列。本项目应根据“长期待摊费用”科目的期末余额，减去将于一年内(含一年)摊销的数额后的金额填列。

24.“递延所得税资产”项目

本项目反映企业确认的可抵扣暂时性差异产生的递延所得税资产。本项目应根据“递延所得税资产”科目的期末余额填列。

(二)负债项目的内容和填列说明

1.“短期借款”项目

本项目反映企业向银行或其他金融机构等借入的期限在一年期以内(含一年)的各种借款。本项目应根据“短期借款”科目的期末余额填列。

2.“交易性金融负债”项目

本项目反映企业承担的以公允价值计量且其变动计入当期损益的为交易目的所持有的金融负债。本项目应根据“交易性金融负债”科目的期末余额填列。

3.“应付票据”项目

本项目反映企业购买材料、商品和接受劳务供应等而开出并承兑的商业汇票，包括银行承兑汇票和商业承兑汇票。本项目应根据“应付票据”科目的期末余额填列。

4.“应付账款”项目

本项目反映企业因购买材料、商品和接受劳务供应等经营活动而应支付给供应单位的款项。本项目应根据“应付账款”和“预付账款”科目所属各明细科目的期末贷方余额合计数填列；如“应付账款”科目所属明细科目期末有借方余额的，应在本表“预付款项”项目内填列。

【例 2-12】 沿用例 2-5 资料

“应付账款”项目金额：800 000＋20 000＝820 000(元)

5.“预收款项”项目

本项目反映企业按照供货合同规定预收购买单位的款项。应根据“预收账款”和“应收账款”科目所属各明细科目的期末贷方余额合计数填列；如“预收账款”科目所属各明细科目期末有借方余额的，应在本表“应收账款”项目内填列。

【例 2-13】 沿用例 2-4 资料

“预收款项”项目金额：530 000＋140 000＝670 000(元)

6."应付职工薪酬"项目

本项目反映企业按规定应付给职工的各种薪酬,主要包括职工工资、奖金、津贴和补贴,职工福利费,社会保险费,住房公积金,工会经费,职工教育经费,非货币福利,辞退福利和股份支付。外商投资企业按规定从净利润中提取的职工奖励及福利基金,也在本项目内列示。本项目应根据"应付职工薪酬"科目的期末余额填列。

7."应交税费"项目

本项目反映企业按照税法规定计算应交纳的各项税费,包括增值税、消费税、营业税、所得税、资源税、土地增值税、城市维护建设税、房产税、土地使用税、车船税、教育费附加、矿产资源补偿费等。企业代扣代交的个人所得税,也通过本项目列示。企业所交纳的税金不需要预计应交数的,如印花税、耕地占用税等,不在本项目列示。本项目应根据"应交税费"科目的期末贷方余额填列;如"应交税费"科目期末为借方余额,应以"一"号填列。

8."应付利息"项目

本项目反映企业按照规定应当支付的利息,包括分期付息到期还本的长期借款应支付的利息、企业发行的企业债券应支付的利息等。本项目应根据"应付利息"科目的期末余额填列。

9."应付股利"项目

本项目反映企业分配的现金股利或利润。企业分配的股票股利,不通过本项目列示。本项目应根据"应付股利"科目的期末余额填列。

10."其他应付款"项目

本项目反映企业除应付票据、应付账款、预收账款、应付职工薪酬、应付利息、应付股利、应交税费等经营活动以外的其他各项应付、暂收的款项。本项目应根据"其他应付款"科目的期末余额填列。

11."长期借款"项目

本项目反映企业向银行或其他金融机构借入的偿还期限在一年以上(不含一年)的各项借款。应根据"长期借款"科目余额扣除"长期借款"科目所属明细科目中将于一年内到期、且企业不能自主地将清偿义务展期的长期借款后的金额计算填列。

【例 2-14】 某企业长期借款情况如表 2-3 所示,则×××8 年末资产负债表长期借款项目应为:

表 2-3

借款起始日期	借款期限(年)	金额(元)
×××5 年 7 月 1 日	5	200 000
×××6 年 9 月 1 日	3	50 000

续表

借款起始日期	借款期限(年)	金额(元)
×××7年1月1日	4	100 000
×××8年10月1日	3	300 000
合　计		650 000

×8年末“长期借款”总账科目余额650 000元,减去一年内到期的长期借款50 000元,即600 000元作为资产负债表“长期借款”项目的金额。将于一年内到期的长期借款50 000元应填列在流动负债下“一年内到期的非流动负债”项目中。

12.“应付债券”项目

本项目反映企业为筹集长期资金而发行的债券本金和利息。应根据“应付债券”总账科目的期末余额扣除“应付债券”科目所属明细科目中将于一年内到期的部分填列。

13.“长期应付款”项目

本项目反映企业除长期借款和应付债券以外的其他各种长期应付款项。应根据“长期应付款”科目的期末余额,减去“未确认融资费用”科目期末余额后的金额填列。

14.“预计负债”项目

本项目反映企业确认的对外提供担保、未决诉讼、产品质量保证、重组义务、亏损性合同等预计负债。本项目应根据“预计负债”科目的期末余额填列。

15.“递延所得税负债”项目

本项目反映企业确认的应纳税暂时性差异产生的所得税负债。应根据“递延所得税负债”科目的期末余额填列。

(三)所有者权益项目的内容和填列说明

1.“实收资本(或股本)”项目

本项目反映企业各投资者实际投入的资本(或股本)总额。应根据“实收资本(或股本)”科目的期末余额填列。

2.“资本公积”项目

本项目反映企业资本公积的期末余额。应根据“资本公积”科目的期末余额填列。

3.“库存股”项目

本项目反映企业持有尚未转让或注销的本企业股份金额。应根据“库存股”科目的期末余额填列。

4.“盈余公积”项目

本项目反映企业盈余公积的期末余额。应根据“盈余公积”科目的期末余额填列。

5.“未分配利润”项目

本项目反映企业尚未分配的利润或留待以后年度弥补的亏损。应根据“本年利润”科目和“利润分配”科目的期末余额计算填列;未弥补的亏损在本项目内以“-”号填列。

第三节　资产负债表的编制实例

A 企业为增值税一般纳税人，增值税税率为 17%，所得税税率为 25%。原材料采用实际成本核算，不考虑运费的增值税。假定只对应收账款、存货和固定资产计提减值准备。××年 1 月 1 日有关科目的余额如表 2-4 所示。

表 2-4　科目余额表

××年 1 月 1 日　　　　单位：元

科目名称	借方余额	科目名称	贷方余额
库存现金	4 560	短期借款	360 000
银行存款	1 687 000	应付票据	220 000
交易性金融资产	50 000	应付账款	1 145 700
应收票据	270 000	应付职工薪酬	132 000
应收账款	360 000	应交税费	26 000
预付账款	120 000	应付利息	7 900
应收股利	25 200	其他应付款	60 000
其他应收款	6 000	长期借款	1 920 000
坏账准备	−7 080	实收资本	6 000 000
在途物资	270 000	盈余公积	120 000
原材料	1 004 300	利润分配(未分配利润)	100 000
库存商品	1 732 000		
周转材料	105 620		
存货跌价准备	−16 000		
长期股权投资	300 000		
固定资产	2 920 000		
累计折旧	−1 480 000		
在建工程	1 800 000		
工程物资	120 000		
无形资产	600 000		
长期待摊费用	220 000		
合计	10 091 600		10 091 600

注：应付职工薪酬的年初数不包含在建工程人员的薪酬。

该企业××年度发生的经济业务如下：

(1)销售产品一批，增值税专用发票注明的价款为480 000元，增值税为81 600元，该批产品实际成本为300 000元，收到款项并已存入银行。

(2)购入原材料一批，收到的增值税专用发票注明货款为170 000元，增值税为28 900元，材料已验收入库，款项尚未支付。

(3)管理部门职工报销预借的差旅费3 000元。

(4)收到订购的原材料一批，货款及运费为237 500元，增值税为39 950元，前期已预付120 000元，经验收无误，以银行存款补付不足款项157 450元。

(5)以银行存款预付商品款20 000元。

(6)接到银行通知，用银行存款支付到期的银行承兑汇票款150 000元。

(7)购入一台不需安装的设备一台，收到的增值税发票上注明的设备价款为326 000元，增值税为55 420元，包装费、运费3 580元，价税款及包装费、运费均以银行存款支付。设备已交付使用。

(8)将交易性金融资产(股票投资)兑现58 000元，该投资的成本为45 000元，公允价值变动为增值5 000元，投资收益为8 000元，均存入银行。

(9)将一张尚未到期的不带息商业承兑汇票到银行办理贴现，汇票的票面金额为170 000元，贴现息为11 900元，企业收到汇票贴现款并存入银行。

(10)收到已宣告发放的现金股利15 000元(按成本法核算，该企业及其被投资企业使用的所得税税率均为25%)，已存入银行。

(11)企业将一张到期的面值为80 000元的银行承兑汇票，连同解讫和进账单交银行办理转账业务，银行盖章后退回进账单一联，款项已收妥。

(12)销售产品一批，增值税专用发票注明价款为1 000 000元，增值税为170 000元，该批产品实际成本为630 000元，款项尚未收到。

(13)购入工程物资一批，价款25 000元，增值税为4 250元，已用银行存款支付。

(14)在建工程领用一批工程物资67 000元，此外，该工程应付职工薪酬171 000元。

(15)工程完工交付使用，已办理竣工手续，固定资产价值990 000元。

(16)基本生产车间报废一台机床，原价1 000 000元，已提折旧980 000元，清理费用6 000元，残值收入4 000元，均已通过银行存款收支。该项固定资产清理完毕。

(17)收回应收账款120 000元，存入银行。

(18)支付职工薪酬690 000元，其中包括支付给在建工程人员的薪酬150 000元。

(19)用银行存款支付广告费50 000元。

(20)用银行存款支付电话费6 200元。

(21)发出原材料562 380元，其中生产产品领用494 400元，车间一般耗用57 680元，行政管理部门耗用10 300元。

(22)车间领用低值易耗品 36 050 元,采用一次摊销法。

(23)分配应支付的职工薪酬 615 600 元(不包括在建工程应负担的职工薪酬)。其中:生产工人薪酬 456 000 元,车间管理人员薪酬 51 300 元,行政管理人员薪酬108 300 元。

(24)计提固定资产折旧费 67 500 元,其中:生产车间计提 57 500 元,行政管理部门计提 10 000 元。

(25)摊销无形资产 12 000 元。

(26)摊销长期待摊费用 20 000 元。

(27)从银行借入 3 年期的长期借款 500 000 元,已存入银行,该项借款用于购建固定资产。

(28)计提上述长期借款的利息 35 000 元,长期借款为分期付息。

(29)归还短期借款 200 000 元,偿付已预提利息 18 000 元。

(30)计提应收账款坏账准备 5 000 元,存货跌价准备 8 900 元,固定资产减值准备 12 600 元。

(31)结转本期发生的制造费用 222 530 元。

(32)结转本期完工产品成本 1 172 930 元,假定本期期初在产品、本期生产的产品全部完工入库。

(33)结转本期已销产品成本 930 000 元。

(34)企业本期产品销售应缴纳的教育费附加 3 800 元。

(35)用银行存款交纳增值税 121 200 元,教育费附加 3 800 元。

(36)假设本例中,除计提存货跌价准备和固定资产减值准备造成资产账面价值与其计税基础存在差异外,不考虑其他项目的所得税费用影响,企业按税法规定计算确定的应交所得税为 82 875 元,递延所得税资产为 9 375 元。

(37)结转损益类各科目。

(38)按净利润的 10% 提取法定盈余公积。

(39)将利润分配各明细科目的余额转入"未分配利润"明细科目,结转本年利润。

(40)用银行存款交纳当年应交所得税。

根据上述资料编制会计分录如下:

(1)借:银行存款　561 600
　　贷:主营业务收入　480 000
　　　　应交税费——应交增值税(销项税额)　81 600

(2)借:原材料　170 000
　　　　应交税费——应交增值税(进项税额)　28 900
　　贷:应付账款　198 900

(3)借:管理费用　3 000

贷:其他应收款 3 000

(4)借:原材料 237 500

应交税费——应交增值税(进项税额) 39 950

贷:预付账款 277 450

借:预付账款 157 450

贷:银行存款 157 450

(5)借:预付账款 20 000

贷:银行存款 20 000

(6)借:应付票据 150 000

贷:银行存款 150 000

(7)借:固定资产 385 000

贷:银行存款 385 000

(8)借:银行存款 58 000

贷:交易性金融资产——成本 45 000

——公允价值变动 5 000

投资收益 8 000

借:公允价值变动损益 5 000

贷:投资收益 5 000

(9)借:银行存款 158 100

财务费用 11 900

贷:应收票据 170 000

(10)借:银行存款 15 000

贷:应收股利 15 000

(11)借:银行存款 80 000

贷:应收票据 80 000

(12)借:应收账款 1 170 000

贷:主营业务收入 1 000 000

应交税费——应交增值税(销项税额) 170 000

(13)借:工程物资 29 250

贷:银行存款 29 250

(14)借:在建工程 238 000

贷:工程物资 67 000

应付职工薪酬 171 000

(15)借:固定资产 990 000

贷:在建工程 990 000

(16)借:固定资产清理　20 000

累计折旧　980 000

贷:固定资产　1 000 000

借:固定资产清理　6 000

贷:银行存款　6 000

借:银行存款　4 000

贷:固定资产清理　4 000

借:营业外支出　22 000

贷:固定资产清理　22 000

(17)借:银行存款　120 000

贷:应收账款　120 000

(18)借:应付职工薪酬　690 000

贷:银行存款　690 000

(19)借:销售费用　50 000

贷:银行存款　50 000

(20)借:管理费用　6 200

贷:银行存款　6 200

(21)借:生产成本　494 400

制造费用　57 680

管理费用　10 300

贷:原材料　562 380

(22)借:制造费用　36 050

贷:周转材料　36 050

(23)借:生产成本　456 000

制造费用　51 300

管理费用　108 300

贷:应付职工薪酬　615 600

(24)借:制造费用　57 500

管理费用　10 000

贷:累计折旧　67 500

(25)借:管理费用　12 000

贷:累计摊销　12 000

(26)借:制造费用　20 000

贷:长期待摊费用　20 000

(27)借:银行存款　500 000

贷:长期借款　　500 000

(28)借:在建工程　　35 000

贷:应付利息　　35 000

(29)借:短期借款　　200 000

应付利息　　18 000

贷:银行存款　　218 000

(30)借:资产减值损失　　26 500

贷:坏账准备　　5 000

存货跌价准备　　8 900

固定资产减值准备　　12 600

(31)借:生产成本　　222 530

贷:制造费用　　222 530

(32)借:库存商品　　1 172 930

贷:生产成本　　1 172 930

(33)借:主营业务成本　　930 000

贷:库存商品　　930 000

(34)借:营业税金及附加　　3 800

贷:应交税费——应交教育费附加　　3 800

(35)借:应交税费——应交增值税(已交税金)　　121 200

——应交教育费附加　　3 800

贷:银行存款　　125 000

(36)借:所得税费用　　82 875

贷:应交税费——应交所得税　　82 875

借:递延所得税资产　　9 375

贷:所得税费用　　9 375

(37)借:主营业务收入　　1 480 000

投资收益　　13 000

贷:本年利润　　1 493 000

借:本年利润　　1 199 000

贷:主营业务成本　　930 000

营业税金及附加　　3 800

销售费用　　50 000

管理费用　　149 800

财务费用　　11 900

资产减值损失　　26 500

公允价值变动损益　　5 000
营业外支出　　22 000
借:本年利润　　73 500
贷:所得税费用　　73 500
(38)借:利润分配——提取盈余公积　　22 050
贷:盈余公积——法定盈余公积　　22 050
(39)借:利润分配——未分配利润　　22 050
贷:利润分配——提取盈余公积　　22 050
借:本年利润　　220 500
贷:利润分配——未分配利润　　220 500
(40)借:应交税费——应交所得税　　82 875
贷:银行存款　　82 875

根据上述会计分录登记账簿。设立T形账户代替账簿,为了便于核对,T形账户中的业务序号与经济业务序号相同。

借方　　库存现金　　贷方

借方		贷方	
期初余额	4 560		
期末余额	4 560		

借方　　银行存款　　贷方

借方		贷方	
期初余额	1 687 000		
(1)	561 600	(4)	157 450
(8)	58 000	(5)	20 000
(9)	158 100	(6)	150 000
(10)	15 000	(7)	385 000
(11)	80 000	(13)	29 250
(16)	4 000	(16)	6 000
(17)	120 000	(18)	690 000
(27)	500 000	(19)	50 000
		(20)	6 200
		(29)	218 000
		(35)	125 000
		(40)	82 875
本期发生额	1 496 700	本期发生额	1 919 775
期末余额	1 263 925		

借方	交易性金融资产		贷方
期初余额	50 000		
		(8)	50 000
本期发生额		本期发生额	50 000
期末余额	0		

借方	应收票据		贷方
期初余额	270 000		
		(9)	170 000
		(11)	80 000
本期发生额		本期发生额	250 000
期末余额	20 000		

借方	应收账款		贷方
期初余额	360 000		
(12)	1 170 000	(17)	120 000
本期发生额	1 170 000	本期发生额	120 000
期末余额	1 410 000		

借方	预付账款		贷方
期初余额	120 000		
(4)	157 450	(4)	277 450
(5)	20 000		
本期发生额	177 450	本期发生额	277 450
期末余额	20 000		

借方	应收股利		贷方
期初余额	25 200		
		(10)	15 000
本期发生额		本期发生额	15 000
期末余额	10 200		

借方	其他应收款		贷方
期初余额	6 000		
		(3)	3 000
本期发生额		本期发生额	3 000
期末余额	3 000		

借方	坏账准备		贷方
		期初余额	7 080
		(30)	5 000
本期发生额		本期发生额	5 000
		期末余额	12 080

借方	在途物资		贷方
期初余额	270 000		
期末余额	270 000		

借方	原材料		贷方
期初余额	1 004 300		
(2)	170 000		
(4)	237 500	(21)	562 380
本期发生额	407 500	本期发生额	562 380
期末余额	849 420		

借方	库存商品		贷方
期初余额	1 732 000		
(32)	1 172 930	(33)	930 000
本期发生额	1 172 930	本期发生额	930 000
期末余额	1 974 930		

借方	周转材料		贷方
期初余额	105 620		
		(22)	36 050
本期发生额		本期发生额	36 050
期末余额	69 570		

借方	存货跌价准备		贷方
		期初余额	16 000
		(30)	8 900
本期发生额		本期发生额	8 900
		期末余额	24 900

借方	长期股权投资		贷方
期初余额	300 000		
期末余额	300 000		

借方	固定资产		贷方
期初余额	2 920 000		
(7)	385 000	(16)	1 000 000
(15)	990 000		
本期发生额	1 375 000	本期发生额	1 000 000
期末余额	3 295 000		

借方	累计折旧		贷方
		期初余额	1 480 000
(16)	980 000	(24)	67 500
本期发生额	980 000	本期发生额	67 500
		期末余额	567 500

借方	固定资产减值准备		贷方
		(30)	12 600
本期发生额		本期发生额	12 600
		期末余额	12 600

借方	在建工程		贷方
期初余额	1 800 000		
(14)	238 000	(15)	990 000
(28)	35 000		
本期发生额	273 000	本期发生额	990 000
期末余额	1 083 000		

借方	工程物资		贷方
期初余额	120 000		
(13)	29 250	(14)	67 000
本期发生额	29 250	本期发生额	67 000
期末余额	82 250		

借方	固定资产清理		贷方
(16)	20 000	(16)	4 000
(16)	6 000	(16)	22 000
本期发生额	26 000	本期发生额	26 000
期末余额	0		

借方	无形资产		贷方
期初余额	600 000		
期末余额	600 000		

借方	累计摊销		贷方
		(25)	12 000
本期发生额		本期发生额	12 000
		期末余额	12 000

借方	长期待摊费用		贷方
期初余额	220 000		
		(26)	20 000
本期发生额		本期发生额	20 000
期末余额	200 000		

借方	递延所得税资产		贷方
(36)	9 375		
本期发生额	9 375	本期发生额	
期末余额	9 375		

借方	短期借款		贷方
		期初余额	360 000
(29)	200 000		
本期发生额	200 000	本期发生额	
		期末余额	160 000

借方	应付票据		贷方
		期初余额	220 000
(6)	150 000		
本期发生额	150 000	本期发生额	
		期末余额	70 000

借方	应付账款		贷方
		期初余额	1 145 700
		(2)	198 900
本期发生额		本期发生额	198 900
		期末余额	1 344 600

借方	应付职工薪酬		贷方
		期初余额	132 000
(18)	690 000	(14)	171 000
		(23)	615 600
本期发生额	690 000	本期发生额	786 600
		期末余额	228 600

借方	应交税费		贷方
		期初余额	26 000
(2)	28 900	(1)	81 600
(4)	39 950	(12)	170 000
(35)	125 000	(34)	3 800
(40)	82 875	(36)	82 875
本期发生额	276 725	本期发生额	338 275
		期末余额	87 550

借方　　应付利息　　贷方

借方		贷方	
		期初余额	7 900
(29)	18 000	(28)	35 000
本期发生额	18 000	本期发生额	35 000
		期末余额	24 900

借方　　其他应付款　　贷方

借方		贷方	
		期初余额	60 000
		期末余额	60 000

借方　　长期借款　　贷方

借方		贷方	
		期初余额	1 920 000
		(27)	500 000
本期发生额		本期发生额	500 000
		期末余额	2 420 000

借方　　实收资本　　贷方

借方		贷方	
		期初余额	6 000 000
		期末余额	6 000 000

借方　　盈余公积　　贷方

借方		贷方	
		期初余额	120 000
		(38)	22 050
本期发生额		本期发生额	22 050
		期末余额	142 050

借方　　本年利润　　贷方

借方		贷方	
(37)	1 199 000	(37)	1 493 000
(37)	73 500		
(39)	220 500		
本期发生额	1 493 000	本期发生额	1 493 000
		期末余额	0

借方	利润分配——提取盈余公积		贷方
(38)	22 050	(39)	22 050
本期发生额	22 050	本期发生额	22 050
期末余额	0		

借方	利润分配——未分配利润		贷方
		期初余额	100 000
(39)	22 050	(39)	220 500
本期发生额	22 050	本期发生额	220 500
		期末余额	298 450

借方	生产成本		贷方
(21)	494 400	(32)	1 172 930
(23)	456 000		
(31)	222 530		
本期发生额	1 172 930	本期发生额	1 172 930
期末余额	0		

借方	制造费用		贷方
(21)	57 680	(31)	222 530
(22)	36 050		
(23)	51 300		
(24)	57 500		
(26)	20 000		
本期发生额	222 530	本期发生额	222 530
期末余额	0		

借方	主营业务收入		贷方
(37)	1 480 000	(1)	480 000
		(12)	1 000 000
本期发生额	1 480 000	本期发生额	1 480 000
		期末余额	0

借方	公允价值变动损益		贷方
(8)	5 000	(37)	5 000
本期发生额	5 000	本期发生额	5 000
期末余额	0		

借方	投资收益		贷方
(37)	13 000	(8)	8 000
		(8)	5 000
本期发生额	13 000	本期发生额	13 000
		期末余额	0

借方	主营业务成本		贷方
(33)	930 000	(37)	930 000
本期发生额	930 000	本期本期发生额	930 000
期末余额	0		

借方	营业税金及附加		贷方
(34)	3 800	(37)	3 800
本期发生额	3 800	本期发生额	3 800
期末余额	0		

借方	销售费用		贷方
(19)	50 000	(37)	50 000
本期发生额	50 000	本期发生额	50 000
期末余额	0		

借方	管理费用		贷方
(3)	3 000	(37)	149 800
(20)	6 200		
(21)	10 300		
(23)	108 300		
(24)	10 000		
(25)	12 000		
本期发生额	149 800	本期发生额	149 800
期末余额	0		

借方	财务费用		贷方
(9)	11 900	(37)	11 900
本期发生额	11 900	本期发生额	11 900
期末余额	0		

借方	资产减值损失		贷方
(30)	26 500	(37)	26 500
本期发生额	26 500	本期发生额	26 500
期末余额	0		

借方	营业外支出		贷方
(16)	22 000	(37)	22 000
本期发生额	22 000	本期发生额	22 000
期末余额	0		

借方	所得税费用		贷方
(36)	82 875	(36)	9 375
		(37)	73 500
本期发生额	82 875	本期发生额	82 875
期末余额	0		

根据上述T形账户编制××年末科目余额表如表2-5所示。

表 2-5 科目余额表

××年12月31日　　　　单位：元

科目名称	借方余额	科目名称	贷方余额
库存现金	4 560	短期借款	160 000
银行存款	1 263 925	应付票据	70 000
应收票据	20 000	应付账款	1 344 600
应收账款	1 410 000	应付职工薪酬	228 600
预付账款	20 000	应交税费	87 550
应收股利	10 200	应付利息	24 900
其他应收款	3 000	其他应付款	60 000
坏账准备	－12 080	长期借款	2 420 000

续表

科目名称	借方余额	科目名称	贷方余额
在途物资	270 000	实收资本	6 000 000
原材料	849 420	盈余公积	142 050
库存商品	1 974 930	利润分配(未分配利润)	298 450
周转材料	69 570		
存货跌价准备	−24 900		
长期股权投资	300 000		
固定资产	3 295 000		
累计折旧	−567 500		
固定资产减值准备	−12 600		
在建工程	1 083 000		
工程物资	82 250		
无形资产	600 000		
累计摊销	−12 000		
长期待摊费用	200 000		
递延所得税资产	9 375		
合计	10 836 150		10 836 150

根据××年12月31日科目余额表编制资产负债表如表2-6所示。

表 2-6 资产负债表

会企01表

编制单位:A企业 ××年12月31日 单位:元

资产	期末余额	年初余额	负债和所有者权益(或股东权益)	期末余额	年初余额
流动资产:			流动负债:		
货币资金	1 268 485	1 691 560	短期借款	160 000	360 000
交易性金融资产		50 000	交易性金融负债		
应收票据	20 000	270 000	应付票据	70 000	220 000
应收账款	1 397 920	352 920	应付账款	1 344 600	1 145 700
预付款项	20 000	120 000	预收款项		
应收利息			应付职工薪酬	228 600	132 000

续表

资产	期末余额	年初余额	负债和所有者权益（或股东权益）	期末余额	年初余额
应收股利	10 200	25 200	应交税费	87 550	26 000
其他应收款	3 000	6 000	应付利息	24 900	7 900
存货	3 139 020	3 095 920	应付股利		
一年内到期的非流动资产			其他应付款	60 000	60 000
其他流动资产			一年内到期的非流动负债		
流动资产合计	5 858 625	5 611 600	其他流动负债		
非流动资产：			流动负债合计	1 975 650	1 951 600
可供出售金融资产			非流动负债：		
持有至到期投资			长期借款	2 420 000	1 920 000
长期应收款			应付债券		
长期股权投资	300 000	300 000	长期应付款		
投资性房地产			专项应付款		
固定资产	2 714 900	1 440 000	预计负债		
在建工程	1 083 000	1 800 000	递延所得税负债		
工程物资	82 250	120 000	其他非流动负债		
固定资产清理			非流动负债合计	2 420 000	1 920 000
生产性生物资产			负债合计	4 395 650	3 871 600
油气资产			所有者权益(或股东权益)：		
无形资产	588 000	600 000	实收资本(或股本)	6 000 000	6 000 000
开发支出			资本公积		
商誉			减:库存股		
长期待摊费用	200 000	220 000	盈余公积	142 050	120 000
递延所得税资产	9 375		未分配利润	298 450	100 000
其他非流动资产			所有者权益(或股东权益)合计	6 440 500	6 220 000
非流动资产合计	4 977 525	4 480 000			
资产总计	10 836 150	10 091 600	负债和所有者权益(或股东权益)总计	10 836 150	10 091 600

思考题

1.什么是资产负债表？它的主要作用有哪些？

2.什么是流动资产？简述其划分标准。

3.什么是流动负债？简述其划分标准。

4.简述资产负债表的结构。

5.资产负债表期末余额栏的填列方法有哪几种？

第三章

利润表

第一节　利润表的结构

利润表是反映企业在一定会计期间的经营成果的报表。利润表的列报必须充分反映企业经营业绩的主要来源和构成。这样有助于使用者判断净利润的质量及其风险;有助于使用者预测净利润的持续性,从而作出正确的决策。

由于不同国家和地区对会计报表的信息要求不完全相同,导致利润表的结构也不完全相同。目前比较普遍的利润表结构有单步式和多步式两种。

一、单步式利润表的结构

单步式利润表将当期所有的收入列在一起,然后将所有的费用也列在一起,两者相减,一次性求出当期损益。单步式利润表实际上是将"收入－费用＝利润"这一会计基本等式表格化。其简化格式如表 3-1 所示。

表 3-1　利 润 表

项　目	本期金额	上期金额
一、收入		
……		
二、费用		
……		
三、净利润		

单步式利润表表示的是未经加工的原始资料。其优点是比较直观明了、易于编制,而且这种格式对一切收入和费用等同对待,不分先后,可避免使人误认为收入与费用的配比有先后顺序。缺点是不能直观判断企业营业收益和非营业收益对实现利润的影响,也不便于分析利润的形成结构,不利于不同时期各种项目的前后比较。

二、多步式利润表的结构

多步式利润表是将利润表中的收入、费用、支出项目按性质加以分类，将不同性质的收入和费用类别进行对比，按利润形成的主要环节列示一些中间性利润指标，分步计算企业当期损益。其简化格式如表3-2所示。

表3-2 利润表

项　目	本期金额	上期金额
……		
一、营业利润		
……		
二、利润总额		
……		
三、净利润		

多步式利润表的优点是可以向财务报告使用者提供具有结构性的信息，使用者可以从各个利润项目了解企业经营成果的不同来源，深入分析企业利润的构成，有利于预测企业未来的盈利能力；有利于不同企业之间互相比较。根据《企业会计准则》，企业应当采用多步式利润表，其具体格式见表3-4。

在多步式利润表上，收入应当按照其重要性分项列报，即将各项收入在企业总收入中的重要程度作为标准，在利润表中分项列示，如营业收入在企业总收入中是最重要的，对该类收入要单独立项并在利润表首行列示；对不重要的事项，则可合并反映。费用应当按照功能法列报，即按照费用在企业所发挥的功能进行分类列示，通常分为从事经营业务发生的成本、管理费用、销售费用和财务费用等，并且将营业成本与其他费用分开披露。利润应当按照营业利润、利润总额和净利润的构成分类分项列示。

第二节　利润表的编制方法

利润表各项目均需填列“本期金额”和“上期金额”两栏。其中“上期金额”栏内各项数字，应根据上年该期利润表的“本期金额”栏内所列数字填列，如果上年度利润表的项目名称与本年度利润表不相一致，应对上年度利润表项目的名称和数字按本年度的规定进行调整，填入报表的“上期金额”栏。“本期金额”栏内各项数字，除“基本每股收益”和“稀释每股收益”项目外，应当按照各损益类科目的发生额分析计算填列。

一、收益类项目的内容和填列说明

（一）“营业收入”项目

本项目反映企业经营业务所取得的收入总额，包括主营业务收入和其他业务收入。应根据“主营业务收入”和“其他业务收入”科目的发生额分析填列。

【例 3-1】 企业某年度“主营业务收入”科目的贷方发生额为 5 000 000 元，借方发生额为 300 000 元，“其他业务收入”科目的贷方发生额为 250 000 元。

“营业收入”项目金额：5 000 000－300 000＋250 000＝4 950 000(元)

(二)“公允价值变动收益”项目

本项目反映企业应计入当期损益的资产或负债公允价值变动收益。应根据“公允价值变动损益”科目的发生额分析填列；如为净损失，本项目以“－”号填列。

【例 3-2】 企业某年度“公允价值变动损益”科目贷方发生额为 70 000 元，借方发生额为 90 000 元。

“公允价值变动收益”项目金额：70 000－90 000＝－20 000(元)

(三)“投资收益”项目

本项目反映企业以各种方式对外投资所取得的收益。应根据“投资收益”科目的发生额分析填列；如为投资损失，本项目以“－”号填列。

【例 3-3】 企业某年度“投资收益”科目贷方发生额为 160 000 元，借方发生额为 50 000 元。

“投资收益”项目金额：160 000－50 000＝110 000(元)

(四)“营业外收入”项目

本项目反映企业发生的与经营业务活动无直接关系的各项收入。应根据“营业外收入”科目的发生额分析填列。

二、成本费用类项目的内容和填列说明

(一)“营业成本”项目

本项目反映企业经营业务所发生的实际成本总额，包括主营业务成本和其他业务成本。应根据“主营业务成本”和“其他业务成本”科目的发生额分析填列。

【例 3-4】 企业某年度“主营业务成本”科目的借方发生额为 4 300 000 元，“其他业务成本”科目的借方发生额为 160 000 元。

“营业成本”项目金额：4 300 000＋160 000＝4 460 000(元)

(二)“营业税金及附加”项目

本项目反映企业经营业务应负担的营业税、消费税、城市维护建设税、资源税、土地增值税和教育费附加等相关税费，但不包括增值税。本项目应根据“营业税金及附加”科目的发生额分析填列。

(三)“销售费用”项目

本项目反映企业在销售商品过程中发生的包装费、广告费等费用和为销售本企业商品而专设的销售机构的职工薪酬、业务费等经营费用。应根据“销售费用”科目的发生额分析填列。

（四）“管理费用”项目

本项目反映企业为组织和管理生产经营所发生的管理费用。应根据“管理费用”科目的发生额分析填列。

（五）“财务费用”项目

本项目反映企业为筹集生产经营所需资金而发生的筹资费用。应根据“财务费用”科目的发生额分析填列。

（六）“资产减值损失”项目

本项目反映企业各项资产发生的损失。应根据“资产减值损失”总账科目借方发生额减去贷方发生额后的余额计算填列。

【例3-5】 企业某年度“资产减值损失”科目当年借方发生额为168 000元，贷方发生额为70 000元。

“资产减值损失”项目金额：168 000－70 000＝98 000（元）

（七）“营业外支出”项目

本项目反映企业发生的与经营业务活动无直接关系的各项支出。应根据“营业外支出”科目的发生额分析填列。

（八）“所得税费用”项目

本项目反映企业应从当期利润总额中扣除的所得税费用。应根据“所得税费用”科目的发生额分析填列。

三、利润表的计算说明

利润表的计算分解为三个步骤，分别为营业利润、利润总额和净利润。

（一）“营业利润”项目

反映企业实现的营业利润。如为亏损，本项目以“－”号填列。其计算公式为：

营业利润＝营业收入－营业成本－营业税金及附加－销售费用－管理费用－财务费用－资产减值损失＋公允价值变动收益（－公允价值变动损失）＋投资收益（－投资损失）

（二）“利润总额”项目

反映企业实现的利润。如为亏损，本项目以“－”号填列。其计算公式为：

利润总额＝营业利润＋营业外收入－营业外支出

（三）“净利润”项目

反映企业实现的净利润。如为亏损，本项目以“－”号填列。其计算公式为：

净利润＝利润总额－所得税费用

普通股或潜在普通股已公开交易的企业，以及正处于公开发行普通股或潜在普通股过程中的企业，还应当在利润表中列示基本每股收益和稀释每股收益，并在附注中披露下列相关信息：

(1)基本每股收益和稀释每股收益分子、分母的计算过程。

(2)列报期间不具有稀释性但以后期间很可能具有稀释性的潜在普通股。

(3)在资产负债表日至财务报告批准报出日之间,企业发行在外普通股或潜在普通股股数发生重大变化的情况。

第三节　利润表的编制实例

沿用第二章第三节会计资料,A 企业××年度结转前损益类账户本年累计发生额如表 3-3 所示。

表 3-3　损益类科目××年度累计发生额

单位:元

科目名称	借方发生额	贷方发生额
主营业务收入		1 480 000
主营业务成本	930 000	
营业税金及附加	3 800	
销售费用	50 000	
管理费用	149 800	
财务费用	11 900	
资产减值损失	26 500	
公允价值变动损益	5 000	
投资收益		13 000
营业外支出	22 000	
所得税费用	73 500	

根据上述资料,编制 A 企业利润表如表 3-4 所示。

表 3-4　利 润 表

会企 02 表

编制单位:A 企业　　××年度　　单位:元

项　目	本期金额	上期金额(略)
一、营业收入	1 480 000	
减:营业成本	930 000	
营业税金及附加	3 800	
销售费用	50 000	
管理费用	149 800	

续表

项　目	本期金额	上期金额(略)
财务费用	11 900	
资产减值损失	26 500	
加:公允价值变动收益(损失以"－"号填列)	－5 000	
投资收益(损失以"－"号填列)	13 000	
其中:对联营企业和合营企业的投资收益		
二、营业利润(亏损以"－"号填列)	316 000	
加:营业外收入		
减:营业外支出	22 000	
其中:非流动资产处置损失		
三、利润总额(亏损总额以"－"号填列)	294 000	
减:所得税费用	73 500	
四、净利润(净亏损以"－"号填列)	220 500	
五、每股收益:	(略)	
(一)基本每股收益		
(二)稀释每股收益		

思考题

1. 什么是利润表?它的主要作用有哪些?
2. 简述利润表的结构。
3. 净利润是如何计算的?
4. 利润表本期金额栏是如何填列的?

第四章

现金流量表

第一节 现金流量表的结构

一、现金流量表的编制基础

现金流量表是反映企业在一定会计期间现金和现金等价物流入和流出的报表。现金流量表按收付实现制原则编制，将权责发生制下的盈利信息调整为收付实现制下的现金流量信息，便于报表使用者了解和评价企业获取现金和现金等价物的能力，并据以预测企业未来现金流量。

现金流量表是以现金及现金等价物为基础编制的，包括以下两大类：

(一)现金

现金是指企业库存现金以及可以随时用于支付的存款。不能随时用于支付的存款不属于现金。现金主要包括：

1.库存现金

库存现金是指企业持有可随时用于支付的现金，与“库存现金”科目的核算内容相一致。

2.银行存款

银行存款是指企业存入金融机构、可以随时用于支付的存款，与“银行存款”科目核算内容基本一致，但不包括不能随时用于支付的存款。例如，不能随时支取的定期存款等不应作为现金，但提前通知金融机构便可支取的定期存款应包括在现金范围内。

3.其他货币资金

其他货币资金是指存放在金融机构的外埠存款、银行汇票存款、银行本票存款、信用卡存款、信用证保证金存款和存出投资款等，与“其他货币资金”科目核算内容相一致。

(二)现金等价物

现金等价物是指企业持有的期限短、流动性强、易于转换为已知金额的现金、价值变动风险很小的投资。

现金等价物的定义本身,包含了判断一项投资是否属于现金等价物的四个条件,即①期限短;②流动性强;③易于转换为已知金额的现金;④价值变动风险很小。其中,期限短、流动性强,强调了变现能力;而易于转换为已知金额的现金、价值变动风险很小,则强调了支付能力。现金等价物通常包括三个月内到期的债券投资等。如某企业于×8年11月1日购入×6年1月1日发行的期限为三年的国债,购买时还有两个月到期,则这项投资视为现金等价物。权益性投资变现的金额通常不确定,因而不属于现金等价物。

不同企业现金及现金等价物的范围可能不同。企业应当根据经营特点等具体情况,确定现金及现金等价物的范围,一经确定不得随意变更;如果发生变更,应当按照会计政策变更处理。

二、现金流量的分类

现金流量是指现金和现金等价物的流入和流出。在现金流量表中,现金及现金等价物被视为一个整体,企业现金形式的转换不会产生现金的流入和流出。例如,企业从银行提取现金,是企业现金存放形式的转换,现金并未流出企业,不构成现金流量。同样,现金和现金等价物之间的转换也不属于现金流量,如企业用现金购买三个月到期的国库券。现金各项目之间的增减变化及非现金各项目之间的增减变动,不会引起企业当期现金净流量的变化,不属于现金流量表的反映范围;只有涉及现金各项目与非现金各项目之间增减变动的交易或事项,才列入现金流量表反映。但有些涉及重大投资和筹资活动的业务,如债务转为资本等,尽管不涉及当期的现金收支,却会对以后各期的现金流量产生影响,因此,需要在现金流量表的补充资料中予以披露。

按照企业经营业务发生的性质和现金流量的来源,现金流量可以分为三大类:经营活动产生的现金流量、投资活动产生的现金流量和筹资活动产生的现金流量,它们构成了现金流量表的基本内容。

(一)经营活动产生的现金流量

经营活动是指企业投资活动和筹资活动以外的所有交易和事项。包括销售商品或提供劳务、购买商品或接受劳务、收到的税费返还、支付职工薪酬、支付各项税费、支付广告费等。通过经营活动产生的现金流量,可以说明企业的经营活动对现金流入和流出的影响程度;可以判断企业在不动用对外筹得资金的情况下,是否可以维持生产经营、偿还债务、支付股利及对外投资等。

(二)投资活动产生的现金流量

投资活动是指企业长期资产的购建和不包括在现金等价物范围内的投资及其处

置活动。现金流量表所指的“投资”既包括对外投资,又包括长期资产的购建与处置。对外投资是指企业运用各种投资方式和种类,对外进行的债权投资、股权投资和基金投资等,以及投资收益的取得及其对外投资的收回。长期资产是指固定资产、在建工程、无形资产、其他资产等持有期限在一年或一个营业周期以上的资产。通过投资活动产生的现金流量,可以分析企业通过投资获取现金流量的能力,判断投资活动对企业现金流量净额的影响程度。

(三)筹资活动产生的现金流量

筹资活动是指导致企业资本及债务规模和构成发生变化的活动。筹资活动包括发行股票或接受投入资本、分派现金股利、取得和偿还银行借款、发行和偿还企业债券等。通过筹资活动产生的现金流量,可以分析企业通过筹资活动获取现金的能力,判断筹资活动对企业现金流量净额的影响程度。

企业编制现金流量表进行现金流量分类时,对于未特别指明的现金流量应当按照现金流量的分类方法和重要性原则,判断某项交易或事项所产生的现金流量应当归属的类别或项目;对于重要的现金流入或流出项目应当单独反映;对于自然灾害损失、保险索赔、捐赠等特殊项目,应当根据其性质分别归并到经营活动、投资活动和筹资活动现金流量类别中单独列报。比如,对于自然灾害损失和保险赔款,如果能够确指,属于流动资产损失的,应当列入经营活动产生的现金流量;属于固定资产损失的,应当列入投资活动产生的现金流量。

现金流量应当分别按照现金流入和现金流出总额列报。但代客户收取或支付的现金以及周转快、金额大、期限短项目的现金流入和流出,可以按净额列报。

三、现金流量表的结构

现金流量表的基本结构分为三个部分:表首、正表和现金流量附注。

1.表首:标明企业名称、现金流量的会计期间、货币单位和报表编号。

2.正表:反映经营活动、投资活动和筹资活动产生的现金流量及净流量。

3.现金流量附注:包括现金流量表补充资料的披露、企业当期取得或处置子企业及其他营业单位的信息、现金和现金等价物的披露。

企业现金流量表正表的具体格式见表4-2。

第二节 现金流量表的编制方法

一、“经营活动产生的现金流量”项目的内容和填列方法

企业经营活动产生的现金流量应当采用直接法填列。直接法是指通过现金收入和现金支出的主要类别直接反映企业经营活动的现金流量。采用直接法编制经营活

动的现金流量时，一般以利润表中的营业收入为起算点，在调整与经营活动有关的项目的增减变动后，计算出经营活动的现金流量。采用直接法提供的信息有助于分析企业经营活动产生的现金流量的来源和用途，预测企业现金流量的未来前景。相关信息，可以通过企业的会计记录取得，也可以通过对利润表中的营业收入、营业成本以及其他项目进行调整后取得。如当期存货及经营性应收和应付项目的变动，固定资产折旧、无形资产摊销、计提资产减值准备等其他非现金项目，属于投资活动或筹资活动现金流量的其他非现金项目。

(一)经营活动现金流入项目

1."销售商品、提供劳务收到的现金"项目

本项目反映企业销售商品、提供劳务实际收到的现金(含应向购买者收取的增值税销项税额)，包括本期销售商品、提供劳务收到的现金，以及前期销售商品、提供劳务本期收到的现金和本期预收的款项，减去本期销售本期退回的商品和前期销售本期退回的商品支付的现金。企业销售材料和代销业务收到的现金，也在本项目反映。本项目应根据"库存现金"、"银行存款"、"应收账款"、"应收票据"、"预收账款"、"主营业务收入"、"其他业务收入"等科目的记录分析填列。

根据账户记录分析计算该项目的金额，通常可采用以下公式：

销售商品、提供劳务收到的现金＝当期销售商品、提供劳务收到的现金＋当期收回前期的应收账款和应收票据＋当期预收的账款－当期销售退回支付的现金＋当期收回前期核销的坏账损失

填列本项目时，应注意：(1)本项目不仅包括收到的货款，还应包括向购买者收取的增值税销项税额；(2)企业销售材料和代购代销业务收到的现金，也在本项目反映。

【例 4-1】 某企业本期发生下列经济业务：

(1)销售一批产品，价格 200 000 元，增值税税额为 34 000 元，已收到货款及增值税税额；

(2)销售一批产品，价格 100 000 元，增值税税额为 17 000 元，货款及增值税税额尚未收到；

(3)按协议约定，收到一笔预收款 60 000 元存入银行；

(4)发生销售退回，企业以银行存款退回销售款 58 500 元；

(5)收回一笔已核销的坏账 9 360 元存入银行。

"销售商品、提供劳务收到的现金"项目金额：

200 000＋34 000＋60 000－58 500＋9 360＝244 860(元)

2."收到的税费返还"项目

本项目反映企业收到返还的各种税费，包括收到返还的增值税、消费税、营业税、关税、所得税、教育费附加等。本项目应根据"库存现金"、"银行存款"、"营业外收入"、"营业税金及附加"等科目的记录分析填列。

【例 4-2】 某企业本期收到增值税出口退税 6 000 元，教育费附加返还款 25 000 元存入银行。

“收到的税费返还”项目金额：6 000＋25 000＝31 000(元)

3.“收到其他与经营活动有关的现金”项目

本项目反映企业除了上述各项目以外所收到的其他与经营活动有关的现金，如罚款收入、流动资产损失中由个人赔偿的现金、经营租赁收到的租金、除税费返还外的其他政府补助收入等。若某项其他与经营活动有关的现金流入金额较大，应单列项目反映。本项目可以根据“库存现金”、“银行存款”、“管理费用”、“销售费用”等科目的记录分析填列。

(二)经营活动现金流出项目

1.“购买商品、接受劳务支付的现金”项目

本项目反映企业购买商品、接受劳务实际支付的现金(含支付的增值税进项税额)，包括本期购买材料、商品、接受劳务支付的现金，以及本期支付前期购买商品、接受劳务的未付款项以及本期预付款项，减去本期发生的购货退回收到的现金。为购置存货而发生的借款利息资本化部分应在“分配股利、利润或偿付利息支付的现金”项目中反映。本项目可以根据“库存现金”、“银行存款”、“应付账款”、“应付票据”、“预付账款”、“主营业务成本”、“其他业务成本”等科目的记录分析填列。

根据账户记录分析计算该项目的金额，通常可采用以下公式：

购买商品、接受劳务支付的现金＝当期购买商品、接受劳务支付的现金＋当期支付前期的应付账款和应付票据＋当期预付的账款－当期因购货退回收到的现金

填列本项目时，应注意：①本项目不仅包括支付的货款，还包括支付的增值税进项税额；②本项目只反映购入的用于生产、销售的材料、商品而支付的价税款，不包括用于在建工程的各种工程物资的价税款，购买工程物资支付的现金应在投资活动中反映。

【例 4-3】 某企业本期发生下列经济业务：

(1)以银行存款支付购入原材料价款 30 000 元，增值税 5 100 元；

(2)购入原材料价款 20 000 元，增值税 3 400 元，货款与增值税尚未支付；

(3)用银行汇票支付材料价款及增值税，收到银行转来银行汇票多余款收账通知，退回余款 3 000 元，材料价款 100 000 元，增值税为 17 000 元；

(4)以银行存款预付购买材料货款 40 000 元；

(5)购买工程用物资 8 000 元，增值税 1 360 元，款项已用银行存款支付；

(6)以银行存款支付到期的应付票据 48 000 元；

(7)收到前期发生的购货退回货款 9 100 元，已存入银行。

“购买商品、接受劳务支付的现金”项目金额：

30 000＋5 100＋100 000＋17 000＋40 000＋48 000－9 100＝231 000(元)

2."支付给职工以及为职工支付的现金"项目

本项目反映企业实际支付给职工的现金以及为职工支付的现金,包括本期实际支付给职工的工资、奖金、各种津贴和补贴等,以及为职工支付的其他费用。企业代扣代缴的职工个人所得税,也在本项目反映。本项目不包括支付给离退休人员的各项费用(包括支付的统筹退休金以及未参加统筹的退休人员的费用)。支付给离退休人员的各项费用,在"支付其他与经营活动有关的现金"项目反映;支付给在建工程人员的工资及其他费用,在"购建固定资产、无形资产和其他长期资产支付的现金"项目反映。本项目可以根据"应付职工薪酬"、"库存现金"、"银行存款"等科目的记录分析填列。

企业为职工支付的养老、失业等社会保险基金、补充养老保险、住房公积金、支付给职工的住房困难补助,以及企业支付给职工或为职工支付的其他福利费用等,应按职工的工作性质和服务对象,分别在本项目和"购建固定资产、无形资产和其他长期资产支付的现金"项目反映。

企业由于各种原因,在职工劳动合同到期之前解除与职工的劳动关系或者鼓励职工自愿接受裁减而提出的补偿建议计划中给予的经济补偿,应作为辞退福利,按职工的工作性质和服务对象,分别在本项目和"购建固定资产、无形资产和其他长期资产支付的现金"项目反映。

【例 4-4】 某企业本期发生下列经济业务:

(1)企业本年实际支付职工工资、奖金、津贴和补贴共 1 500 000 元,其中在建工程人员工资奖金等 180 000 元;

(2)支付离退休人员薪酬 300 000 元;

(3)支付职工生活困难补助 12 000 元;

(4)支付生产车间职工社会保险费 64 000 元,管理人员社会保险费 54 000 元,在建工程人员社会保险费 1 400 元;

(5)支付给辞退人员补偿金 500 000 元。

"支付给职工以及为职工支付的现金"项目金额:

(1 500 000－180 000)＋12 000＋64 000＋54 000＋500 000＝1 950 000(元)

3."支付的各项税费"项目

本项目反映企业按规定支付的各种税费,包括企业本期发生并支付的税费,以及本期支付以前各期发生的税费和本期预交的税费,如支付的印花税、房产税、土地增值税、车船税、教育费附加、增值税、营业税、所得税等。本项目不包括计入固定资产价值、实际支付的耕地占用税,也不包括本期退回的增值税、所得税。本期退回的增值税、所得税等在"收到的税费返还"项目反映。本项目可以根据"应交税费"、"库存现金"、"银行存款"等科目的记录分析填列。

4."支付其他与经营活动有关的现金"项目

本项目反映企业除了上述各项目以外所支付的其他与经营活动有关的现金,如经营租赁支付的现金、支付的罚款、差旅费、业务招待费、保险费、销售费用等。若某项其他与经营活动有关的现金流出金额较大,应单列项目反映。本项目可以根据有关科目的记录分析填列。

二、"投资活动产生的现金流量"项目的内容和填列方法

(一)投资活动产生的现金流入项目

1."收回投资收到的现金"项目

本项目反映企业出售、转让或到期收回除现金等价物以外的交易性金融资产、持有至到期投资、可供出售金融资产、长期股权投资、投资性房地产而收到的现金。不包括债权性投资收回的利息、收回的非现金资产,处置子公司及其他营业单位收到的现金净额。债权性投资收回的本金,在本项目反映;债权性投资收回的利息,不在本项目中反映,而在"取得投资收益所收到的现金"项目中反映;处置子公司及其他营业单位收到的现金净额应单设项目反映。本项目可根据"交易性金融资产"、"可供出售金融资产"、"持有至到期投资"、"长期股权投资"、"库存现金"、"银行存款"等科目的记录分析填列。

2."取得投资收益收到的现金"项目

本项目反映企业因股权性投资而分得的现金股利,以及从子公司、联营企业或合营企业分回利润而收到的现金,因债权性投资而取得的现金利息收入。包括在现金等价物范围内的债券性投资,其利息收入在本项目中反映。股票股利不在本项目反映。本项目可根据"库存现金"、"银行存款"、"应收股利"、"应收利息"、"投资收益"等科目的记录分析填列。

3."处置固定资产、无形资产和其他长期资产收回的现金净额"项目

本项目反映企业出售、报废固定资产、无形资产和其他长期资产所收到的现金,减去为处置这些资产而支付的有关费用后的净额。处置固定资产、无形资产和其他长期资产所收到的现金与处置活动支付的现金,两者在时间上比较接近,但以净额表示更能准确反映处置活动对现金流量的影响。由于自然灾害等原因所造成的固定资产等长期资产报废、毁损而收到的保险赔偿收入,也在本项目中反映。如处置固定资产、无形资产和其他长期资产所收到的现金净额为负数,则应在"支付其他与投资活动有关的现金"项目中反映。本项目可根据"固定资产清理"、"库存现金"、"银行存款"等科目的记录分析填列。

4."处置子公司及其他营业单位收到的现金净额"项目

本项目反映企业处置子公司及其他营业单位所取得的现金,减去子公司或其他营业单位持有的现金和现金等价物以及相关处置费用后的净额。本项目可根据有关科目的记录分析填列。

5.“收到其他与投资活动有关的现金”项目

本项目反映企业除了上述各项目以外，所收到的其他与投资活动有关的现金流入。比如，企业收回购买股票和债券时支付的已宣告但尚未领取的现金股利或已到付息期但尚未领取的债券利息。若某项其他与投资活动有关的现金流入金额较大，应单列项目反映。本项目可根据有关科目的记录分析填列。

【例 4-5】 某企业本期发生下列与投资活动现金流入有关的经济业务：

(1)将作为可供出售金融资产的股票 50 000 股出售，该股票成本为 400 000 元，出售取得银行存款 435 000 元。

(2)持有至到期的一次性还本付息的债券投资到期，本金为 30 000 元，收回全部投资额 37 200 元，其中 7 200 元是债券利息。

(3)出售一台设备，收到价款 15 000 元存入银行，该设备原值 32 000 元，已提折旧 12 000 元。

(4)报废设备一台，原值 50 000 元，已提折旧 48 000 元，以现金支付清理费用1 600 元，取得残值变现收入 2 100 元，该设备已清理完毕。

(5)从被投资企业分得现金股利 70 000 元存入银行。

根据以上资料，计算投资活动产生的现金流入各项目金额如下：

“收回投资收到的现金”项目金额为：435 000＋30 000＝465 000(元)

“取得投资收益收到的现金”项目金额为：7 200＋70 000＝77 200(元)

“处置固定资产、无形资产和其他长期资产收回的现金净额”项目金额：

15 000＋(2 100－1 600)＝15 500(元)

(二)投资活动产生的现金流出项目

1.“购建固定资产、无形资产和其他长期资产支付的现金净额”项目

本项目反映企业购买、建造固定资产、取得无形资产和其他长期资产实际支付的现金。包括购买机器设备所支付的现金及增值税款、建造工程支付的现金、支付在建工程人员工资等现金支出，不包括为购建固定资产、无形资产和其他长期资产而发生的借款利息资本化部分，以及融资租入固定资产支付的租赁费。企业为购建固定资产、无形资产和其他长期资产而发生的借款利息资本化部分，在“分配股利、利润或偿付利息支付的现金”项目中反映；融资租入固定资产支付的租赁费，在“支付其他与筹资活动有关的现金”项目中反映；企业以分期付款方式购建的固定资产或无形资产，其首次付款支付的现金在本项目中反映，以后各期支付的现金在“支付其他与筹资活动有关的现金”项目中反映。本项目可根据“固定资产”、“在建工程”、“工程物资”、“无形资产”、“库存现金”、“银行存款”等科目的记录分析填列。

2.“投资支付的现金”项目

本项目反映企业进行权益性投资和债权性投资所支付的现金。包括企业取得的除现金等价物以外的交易性金融资产、持有至到期投资、可供出售金融资产而支付的现金，以及支付的佣金、手续费等交易费用。企业购买债券的价款中含有债券利息的，以及溢价或折价购入的，均按实际支付的金额反映。本项目可根据“交易性金融资产”、“可供出售金融资产”、“持有至到期投资”、“长期股权投资”、“库存现金”、“银行存款”等科目的记录分析填列。

3.“取得子公司及其他营业单位支付的现金净额”项目

本项目反映企业取得子公司及其他营业单位购买出价中以现金支付的部分，减去子公司及其他营业单位持有的现金和现金等价物后的净额。本项目可根据有关科目的记录分析填列。

4.“支付其他与投资活动有关的现金”项目

本项目反映企业除了上述各项以外，所支付的其他与投资活动有关的现金。比如，企业购买股票时实际支付的价款中包含的已宣告但尚未领取的现金股利，购买债券时支付的价款中包含的已到付息期但尚未领取的债券利息等。若某项其他与投资活动有关的现金流出金额较大，应单列项目反映。本项目可根据有关科目的记录分析填列。

【例 4-6】 某企业本期发生下列与投资活动现金流出有关的经济业务：

(1)购入不需安装的设备一台，取得的增值税专用发票上注明的设备价款 260 000 元，增值税税额为 44 200 元，支付的运费为 2 500 元，保险费为 1 500 元，以银行存款转账支付。

(2)购入在建工程用材料一批，价款为 25 000 元，支付的增值税税额为 4 250 元，款项以银行存款转账支付。

(3)在建工程领用工程物资 15 000 元。

(4)支付在建工程人员工资薪酬 42 000 元。

(5)计算在建工程应负担的长期借款利息 180 000 元，该项利息已以银行存款支付。

(6)购入股票 20 000 股，每股市价 5.5 元，其中包括已宣告发放但尚未领取的现金股利每股 0.5 元，另支付手续费 2 000 元，上述款项均以银行存款转账支付。初始确认时，该股票划分为可供出售金融资产。

(7)购入五年期的企业债券，面值 150 000 元，票面利率 7%，企业实际支付的价款为 168 000 元，其中包括手续费 3 000 元。

根据以上资料，计算投资活动产生的现金流出各项目金额如下：

“购建固定资产、无形资产和其他长期资产支付的现金净额”项目金额：

(260 000＋44 200＋2 500＋1 500)＋(25 000＋4 250)＋42 000＝379 450(元)

“投资支付的现金”项目金额为：

(5.5－0.5)×20 000＋2 000＋168 000＝270 000(元)

“支付其他与投资活动有关的现金”项目金额为：0.5×20 000＝10 000(元)

三、"筹资活动产生的现金流量"项目的内容和填列方法

(一)筹资活动产生的现金流入项目

1."吸收投资收到的现金"项目

本项目反映企业以发行股票、债券等方式筹集资金实际收到的款项净额(发行收入减去支付的佣金等发行费用后的净额)。以发行股票等方式筹集资金而由企业直接支付的审计、咨询等费用,不在本项目中反映,而在"支付其他与筹资活动有关的现金"项目中反映。由金融企业直接支付的手续费、宣传费、咨询费、印刷费等费用,从发行股票、债券取得的现金收入中扣除,以净额列示。本项目可根据"实收资本(或股本)"、"资本公积"、"库存现金"、"银行存款"等科目的记录分析填列。

2."取得借款收到的现金"项目

本项目反映企业举借各种短期、长期借款而收到的现金。本项目可根据"短期借款"、"长期借款"、"交易性金融负债"、"应付债券"、"库存现金"、"银行存款"等科目的记录分析填列。

3."收到其他与筹资活动有关的现金"项目

本项目反映企业除了上述各项目外所收到的其他与筹资活动有关的现金。若某项其他与筹资活动有关的现金流入金额较大,应单列项目反映。本项目可以根据有关科目的记录分析填列。

【例 4-7】 某企业本期发生下列与筹资活动现金流入有关的经济业务:

(1)经批准发行 5 年期一次还本、分期付息的企业债券,债券面值 1 000 000 元,实际发行价格 1 200 000 元,发行手续费为发行总额的 3%,直接从发行收入中扣除。企业已收到发行债券的款项净额。

(2)发行股票 5 000 000 股,每股面值 2 元,每股发行价格 2.2 元,发行手续费按发行收入的 2%支付,企业取得发行股票的款项净额。

(3)从银行取得一笔长期借款 500 000 元,已划入企业账户。

根据以上资料,计算筹资活动产生的现金流入各项目金额如下:

"吸收投资收到的现金"项目金额:

$1\ 200\ 000\times(1-3\%)+2.2\times5\ 000\ 000\times(1-2\%)=11\ 944\ 000$(元)

"取得借款收到的现金"项目金额:500 000(元)

(二)筹资活动产生的现金流出项目

1."偿还债务支付的现金"项目

本项目反映企业偿还债务本金所支付的现金,包括偿还金融企业的借款本金、偿付企业到期的债券本金等。企业支付的借款利息和债券利息在"分配股利、利润或偿付利息支付的现金"项目反映,不在本项目反映。本项目可根据"短期借款"、"长期借款"、"交易性金融负债"、"应付债券"、"库存现金"、"银行存款"等科目的记录分析

填列。

2."分配股利、利润或偿付利息支付的现金"项目

本项目反映企业实际支付的现金股利、支付给其他投资单位的利润或用现金支付的借款利息、债券利息等。不同用途的借款,其利息的开支渠道不同。在建工程、财务费用等,均在本项目中反映。本项目可根据"应付股利"、"应付利息"、"利润分配"、"财务费用"、"在建工程"、"制造费用"、"库存现金"、"银行存款"等科目的记录分析填列。

3."支付其他与筹资活动有关的现金"项目

本项目反映企业除上述各项目外所支付的其他与筹资活动有关的现金,如以发行股票、债券等方式筹集资金而由企业直接支付的审计、咨询等费用,融资租入固定资产支付的租赁费,以分期付款方式构建固定资产以后各期支付的现金等。若某项其他与筹资活动有关的现金流出金额较大的,应单列项目反映。本项目可根据有关科目的记录分析填列。

【例 4-8】 某企业本期发生下列与筹资活动现金流出有关的经济业务:

(1)归还已到期的长期借款本金 400 000 元,利息 36 000 元。

(2)归还短期借款本金 200 000 元,利息 5 000 元。

(3)发放股票股利 100 000 元,每股面值 2 元,市价 2.8 元。

(4)宣告分配并支付现金股利 90 000 元。

根据以上资料,计算筹资活动产生的现金流出各项目金额如下:

"偿还债务支付的现金"项目金额:400 000+200 000=600 000(元)

"分配股利、利润或偿付利息支付的现金"项目金额:

36 000+5 000+90 000=131 000(元)

四、"汇率变动对现金的影响"项目的内容和填列方法

汇率变动对现金的影响,指企业外币现金流量以及境外子企业的现金流量在折算成记账本位币时,所采用的是现金流量发生日的即期汇率或者按照系统合理的方法确定的、与现金流量发生日的即期汇率近似的汇率,而现金流量表的"现金及现金等价物净增加额"项目中外币现金净增加额是按资产负债表日的即期汇率折算的。这两者的差额即为汇率变动对现金的影响。

在编制现金流量表时,对当期发生的外币业务,也可不必逐笔计算汇率变动对现金的影响,可以通过现金流量表补充资料中"现金及现金等价物净增加额"数额与现金流量表中"经营活动产生的现金流量净额"、"投资活动产生的现金流量净额"、"筹资活动产生的现金流量净额"三项之和比较,其差额即为"汇率变动对现金的影响额"。

五、补充资料各项目的内容和填列方法

利润表反映的净利润是按权责发生制确定的，并不考虑收益是否已经收到或费用是否实际支出；而经营活动现金流量是按收付实现制为基础确认的，只反映企业经营活动中以现金形式收到的收益或费用支出。比如，在权责发生制下，虽然赊销确认的营业收入会引起企业净利润的增加，但是并没有发生真正的现金流入，因此就不会产生经营活动现金流量。所以，《企业会计准则》在要求现金流量表采用直接法反映经营活动产生的现金流量的同时，还要求企业应采用间接法在附注中披露将净利润调节为经营活动现金流量、不涉及现金收支的重大投资和筹资活动、现金及现金等价物净变动情况等信息。

(一)将净利润调节为经营活动现金流量

间接法是指以本期净利润为起点，通过调整不涉及现金的收入、费用、营业外收支等有关项目，剔除投资活动、筹资活动对现金流量的影响，据此计算并列报经营活动产生的现金流量。按间接法计算的经营活动的现金流量，有助于分析净利润与经营活动产生的现金流量之间存在差异的原因，从现金流量角度分析企业净利润的质量，是对直接法反映经营活动产生的现金流量情况的核对和补充说明，具体格式见后面的表4-6。

采用间接法列报经营活动产生的现金流量时，需要调整的项目分为四大类：实际没有支付现金的费用；实际没有收到现金的收益；不属于经营活动的损益；经营性应收应付项目的增减变动。现将“净利润调节为经营活动现金流量”各项目的填列方法说明如下：

1.“资产减值准备”项目

本项目反映企业本期计提的各项资产减值准备，包括坏账准备、存货跌价准备、投资性房地产减值准备、长期股权投资减值准备、持有至到期投资减值准备、固定资产减值准备、在建工程减值准备、工程物资减值准备、无形资产减值准备、商誉减值准备、生产性生物资产减值准备、油气资产减值准备等。企业计提的各项资产减值损失，包括在利润表中，属于净利润的减除项目，并没有发生现金流出，因此在将净利润调节为经营活动现金流量时，应予以加回。本项目可根据“资产减值损失”科目的记录分析填列。

【例 4-9】 某企业1月1日“坏账准备”科目期初余额为10 000元，当年实际发生坏账损失3 000元，收到上一年度已核销的坏账2 000元存入银行。本年末，应收账款余额为1 300 000元，坏账提取比例为1%。年末“坏账准备”贷方余额应为1 300 000×1%=13 000元，应补提坏账准备13 000-(10 000-3 000+2 000)=4 000元。补提的4 000元坏账准备，在将净利润调节为经营活动现金流量时应予以加回。

2."固定资产折旧、油气资产折耗、生产性生物资产折旧"项目

本项目反映企业本期累计计提的固定资产折旧、油气资产折耗、生产性生物资产折旧。以固定资产折旧为例,固定资产折旧有的包含在制造费用中,有的包含在管理费用中。计入制造费用的已变现部分,在计算净利润时通过销售成本予以扣除,但没有发生现金流出;计入制造费用的未变现部分,既不涉及现金收支,也不影响企业当期净利润,由于在调节存货时已扣除,因此在将净利润调节为经营活动现金流量时,这部分均应予以加回。计入管理费用的部分,作为期间费用在计算净利润时已扣除,也没有发生现金流出,因此在将净利润调节为经营活动现金流量时,这部分应予以加回。同理,企业计提的油气资产折耗、生产性生物资产折旧,也需要予以加回。本项目可根据"累计折旧"、"累计折耗"、"生产性生物资产折旧"科目的贷方发生额分析填列。

【例 4-10】 某企业1月1日累计折旧余额为120 000元,当年度处置设备一台,原价210 000元,累计已提折旧100 000元,至12月31日,全年需要计提固定资产折旧150 000元,累计折旧余额170 000元。计提的固定资产折旧150 000元,在将净利润调节为经营活动现金流量时应予以加回。

3."无形资产摊销"项目

本项目反映企业本期累计摊入成本费用的无形资产价值。企业对使用寿命有限的无形资产进行摊销时,将其计入管理费用或制造费用。计入管理费用等期间费用和计入制造费用中的已变现部分,在计算净利润时已扣除,但没有发生现金流出;计入制造费用的未变现部分,在调节存货时已扣除,但不涉及现金收支,因此在将净利润调节为经营活动现金流量时,应予以加回。本项目可根据"累计摊销"科目的贷方发生额分析填列。

4."长期待摊费用摊销"项目

本项目反映企业本期累计摊入成本费用的长期待摊费用。长期待摊费用摊销时,将其计入制造费用、管理费用或销售费用。计入制造费用的已变现部分,在计算净利润时通过销售成本予以扣除,但没有发生现金流出;计入制造费用的未变现部分,在调节存货时已扣除,但不涉及现金收支,因此在将净利润调节为经营活动现金流量时,这部分均应予以加回。计入管理费用和销售费用部分,在计算净利润时已扣除,也没有发生现金流出,因此在将净利润调节为经营活动现金流量时,这部分应予以加回。本项目可根据"长期待摊费用"科目的贷方发生额分析填列。

5."处置固定资产、无形资产和其他长期资产的损失"项目

本项目反映企业本期处置固定资产、无形资产和其他长期资产发生的净损失(或净收益)。企业处置固定资产、无形资产和其他长期资产的损益,属于投资活动产生的损益,不属于经营活动产生的损益,因此在将净利润调节为经营活动现金流量时,这部分应予以剔除。如为净损失,应予以加回;如为净收益,应予以扣除,并以"-"号填列。本项目可根据"营业外支出"、"营业外收入"等科目所属有关明细科目的记录分析填列。

【例 4-11】 某企业处置一座建筑物，原价为 2 000 000 元，累计已提折旧 400 000 元，取得现金收入 1 900 000 元，支付清理费用及营业税等处置费用共 105 000 元，取得处置净收益 1 900 000－(2 000 000－400 000)－105 000＝195 000 元。处置固定资产净收益 195 000 元，在将净利润调节为经营活动现金流量时应予以扣除，以“－”表示。

6.“固定资产报废损失”项目

本项目反映企业本期发生的固定资产报废损益。企业发生固定资产报废损益，属于投资活动产生的损益，不属于经营活动产生的损益，因此在将净利润调节为经营活动现金流量时，这部分应予以剔除。如为净损失，应予以加回；如为净收益，应予以扣除，并以“－”号填列。本项目可根据“营业外支出”、“营业外收入”等科目所属有关明细科目的记录分析填列。

【例 4-12】 某企业报废一台设备，原价 50 000 元，累计已提折旧 45 000 元，取得现金收入 3 000 元，发生清理费用 500 元，共发生报废损失(50 000－45 000)＋500－3 000＝2 500 元。固定资产报废损失 2 500 元，在将净利润调节为经营活动现金流量时应予以加回。

7.“公允价值变动损失”项目

本项目反映企业在初始确认时划分为以公允价值计量且其变动计入当期损益的交易性金融资产、交易性金融负债、衍生工具、套期等业务中公允价值变动形成的应计入当期损益的利得或损失。企业(不包括金融企业)发生的公允价值变动损益，通常与企业的投资活动或筹资活动有关，而且并不影响企业当期的现金流量，因此在将净利润调节为经营活动现金流量时，这部分应予以剔除。如为持有损失，应予以加回；如为持有利得，应予以扣除，并以“－”号填列。本项目可根据“公允价值变动损益”科目的发生额分析填列。

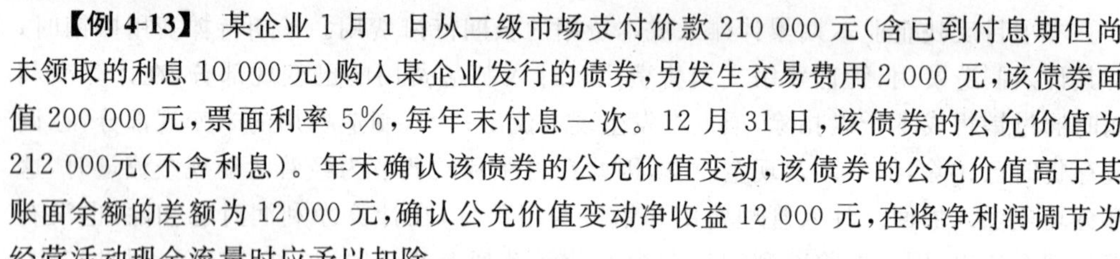

【例 4-13】 某企业 1 月 1 日从二级市场支付价款 210 000 元(含已到付息期但尚未领取的利息 10 000 元)购入某企业发行的债券，另发生交易费用 2 000 元，该债券面值 200 000 元，票面利率 5%，每年末付息一次。12 月 31 日，该债券的公允价值为 212 000元(不含利息)。年末确认该债券的公允价值变动，该债券的公允价值高于其账面余额的差额为 12 000 元，确认公允价值变动净收益 12 000 元，在将净利润调节为经营活动现金流量时应予以扣除。

8.“财务费用”项目

本项目反映企业本期实际发生的属于投资活动或筹资活动的财务费用，不包括由于经营活动产生的财务费用。企业发生的财务费用可以分别归属于经营活动、投资活动和筹资活动，如商业汇票贴现的贴现息属于经营活动，符合资本化条件的长期借款利息属于投资活动，计入损益的借款利息属于筹资活动。属于投资活动、筹资活动的部分，在计算净利润时已扣除，但这部分发生的现金流出不属于经营活动现金流量的范畴，因此在将净利润调节为经营活动现金流量时，应予以加回。本项目可根据“财务费用”科目的本期借方发生额分析填列。如为收益,以“－”号填列。

【例 4-14】 某企业本年度共发生财务费用 47 000 元,其中属于经营活动的为17 000元,属于投资活动的为 20 000 元,属于筹资活动的为 10 000 元。属于投资和筹资活动的财务费用共 20 000＋10 000＝30 000 元,在将净利润调节为经营活动现金流量时应予以加回。

9.“投资损失(减:收益)”项目

本项目反映企业对外投资实际发生的投资损失减去投资收益后的净损失。企业发生的投资损益,属于投资活动产生的损益,不属于经营活动产生的损益,因此在将净利润调节为经营活动现金流量时,这部分应予以剔除。如为净损失,应予以加回;如为净收益,应予以扣除,以“－”号填列。本项目可根据利润表“投资收益”项目的数字填列。

10.“递延所得税资产减少(减:增加)”项目

本项目反映企业资产负债表“递延所得税资产”项目的期初余额与期末余额的差额。递延所得税资产是由于可抵扣暂时性差异产生的。“递延所得税资产”的期末余额小于期初余额,意味着当期所得税费用的金额大于当期应交所得税的金额,其差额并没有发生现金流出,但在计算净利润时已经扣除,因此在将净利润调节为经营活动现金流量时,应予以加回。“递延所得税资产”的期末余额大于期初余额,意味着当期所得税费用的金额小于当期应交所得税的金额,两者之间的差额并没有发生现金流入,但在计算净利润时已经包括在内,因此在将净利润调节为经营活动现金流量时,应予以扣除,以“－”号填列。本项目可根据资产负债表“递延所得税资产”项目期初、期末余额分析填列。

【例 4-15】 某企业一项固定资产 1 月 1 日开始计提折旧,成本为 600 000 元,使用年限 10 年,净残值为 0 元,会计处理按双倍余额递减法计提折旧,税收处理按直线法计提折旧。假定“递延所得税资产”科目年初余额为 0 元,税法规定的使用年限及净残值与会计规定相同,所得税率为 25%。则年末固定资产的账面价值为 600 000－600 000×2/10×100%＝480 000 元,其计税基础为 600 000－600 000/10＝540 000 元,产生可抵扣暂时性差异 60 000 元,则递延所得税资产为 60 000×25%＝15 000 元,在将净利润调节为经营活动现金流量时应予以扣除。

11.“递延所得税负债增加(减:减少)”项目

本项目反映企业资产负债表“递延所得税负债”项目的期初余额与期末余额的差额。递延所得税负债是由于应纳税暂时性差异产生的。“递延所得税负债”的期末余额大于期初余额,意味着当期所得税费用的金额大于当期应交所得税的金额,其差额没有发生现金流出,但在计算净利润时已经扣除,因此在将净利润调节为经营活动现金流量时,应予以加回。“递延所得税负债”的期末余额小于期初余额,意味着当期所得税费用的金额小于当期应交所得税的金额,其差额并没有发生现金流入,但在计算净利润时已经包括在内,因此在将净利润调节为经营活动现金流量时,应予以扣除,以

"—"号填列。本项目可根据资产负债表"递延所得税负债"项目期初、期末余额分析填列。

【例 4-16】 某企业 12 月 31 日，某项固定资产原值 1 500 000 元，按照会计规定计提的折旧额为 100 000 元，计税时允许扣除的折旧额为 220 000 元，假定"递延所得税负债"科目年初余额为 0 元，所得税率为 25%。该固定资产的账面价值 1 400 000 元与其计税基础 1 280 000 元的差额构成应纳税暂时性差异，应确认的递延所得税负债为(1 400 000－1 280 000)×25%＝30 000 元，在将净利润调节为经营活动现金流量时应予以加回。

12."存货的减少(减：增加)"项目

本项目反映企业资产负债表"存货"项目的期初余额与期末余额的差额，存货的增减变动属于经营活动。在没有赊购时，某一期间期末存货小于期初存货，说明本期生产过程耗用的存货有一部分是期初存货，耗用这部分存货并没有发生现金支出，但在计算净利润时已经扣除，因此在将净利润调节为经营活动现金流量时，应予以加回。若存货期末余额大于期初余额，说明当期购入的存货除耗用外还有剩余，即除了为当期销售成本包含的存货发生现金支出外，还为增加的存货发生了现金支出，但在计算净利润时没有包括在内，因此在将净利润调节为经营活动现金流量时，应予以扣除，以"—"号填列。简而言之，在调节净利润时，应加上存货的减少数，减去存货的增加数。存在赊购的情况下，还需通过应付账款的增减变动，反映赊购对现金流量的影响。本项目可根据资产负债表"存货"项目期初、期末余额之间的差额分析填列；如果存货的增减变化过程属于投资活动，如在建工程领用存货，应当将这一因素剔除。

【例 4-17】 1月1日某企业"材料采购"余额 20 000 元，"原材料"余额 270 000 元，"库存商品"余额 350 000 元，"周转材料"余额 16 000 元。12 月 31 日，"材料采购"余额 44 000 元，"原材料"余额 300 000 元，"库存商品"余额 310 000 元，"周转材料"余额 22 000元，假定不考虑赊购因素。本年度，存货年初数小于年末数，即(20 000＋270 000＋350 000＋16 000)－(44 000＋300 000＋310 000＋22 000)＝－20 000 元，说明为增加的存货发生了现金流出 20 000 元，在将净利润调节为经营活动现金流量时应予以扣除。

13."经营性应收项目的减少(减：增加)"项目

本项目反映企业本期经营性应收项目的期初余额与期末余额的差额。经营性应收项目主要指应收票据、应收账款、预付账款、长期应收款和其他应收款等经营性应收项目中与经营活动有关的部分及应收的增值税销项税额等。某一期间经营性应收项目的期末余额小于期初余额，说明本期收回的现金大于利润表中确认的销售收入，因此在将净利润调节为经营活动现金流量时，应予以加回。经营性应收项目的期末余额大于期初余额，说明本期销售收入中有一部分没有收到现金，但在利润表中已将销售收入全数列入，因此在将净利润调节为经营活动现金流量时，应予以扣除，以"—"号填列。本项目可根据有关科目的期初、期末余额分析填列。

【例 4-18】 某企业 1 月 1 日“应收账款”余额 300 000 元，“应收票据”余额 245 000 元，“其他应收款”余额 5 000 元；12 月 31 日该企业“应收账款”余额 560 000 元，“应收票据”余额 155 000 元，“其他应收款”余额 6 000 元。本年度，经营性应收项目年初余额小于年末余额，即，(300 000－560 000)＋(245 000－155 000)＋(5 000－6 000)＝－171 000元，说明在销售收入中有 171 000 元没有现金流入，在将净利润调节为经营活动现金流量时应予以扣除。

14.“经营性应付项目的增加(减：减少)”项目

本项目反映企业本期经营性应付项目的期初余额与期末余额的差额。经营性应付项目主要指应付票据、应付账款、预收账款、应付职工薪酬、应交税费和其他应付款等经营性应付项目中与经营活动有关的部分及应付的增值税进项税额等。某一期间经营性应付项目的期末余额大于期初余额，说明本期购入的存货中有一部分没有支付现金，但在利润表中已将销售成本全数列入，因此在将净利润调节为经营活动现金流量时，应予以加回。经营性应付项目的期末余额小于期初余额，说明本期支付的现金大于利润表中确认的销售成本，因此在将净利润调节为经营活动现金流量时，应予以扣除，以“－”号填列。本项目可根据有关科目的期初、期末余额分析填列。

【例 4-19】 某企业 1 月 1 日“应付账款”余额 490 000 元，“应付票据”余额 180 000 元，“应付职工薪酬”余额 160 000 元，“应交税费”余额 100 000 元，“其他应付款”余额 30 000 元；12 月 31 日该企业“应付账款”余额 680 000 元，“应付票据”余额 145 000 元，“应付职工薪酬”余额 210 000 元，“应交税费”余额 30 000 元，“其他应付款”余额20 000 元。本年度，经营性应付项目年末余额大于比年初余额，即(680 000－490 000)＋(145 000－180 000)＋(210 000－160 000)＋(30 000－100 000)＋(20 000－30 000)＝125 000元，说明本期购入的存货中有 125 000 元没有现金流出，在将净利润调节为经营活动现金流量时应予以加回。

(二)不涉及现金收支的重大投资和筹资活动

本项目反映企业在一定会计期间内影响资产和负债但不形成该期现金收支的所有重大投资和筹资活动的信息。这些投资和筹资活动是企业的重大理财活动，对以后各期的现金流量会产生重大影响，因此应单列项目在补充资料中反映。目前，我国企业现金流量表补充资料中列示的不涉及现金收支的重大投资和筹资活动项目主要有以下几项：

(1)“债务转为资本”项目，反映企业本期转为资本的债务金额。

(2)“一年内到期的可转换企业债券”项目，反映企业一年内到期的可转换企业债券的本息。

(3)“融资租入固定资产”项目，反映企业本期融资租入固定资产的最低租赁付款额扣除应分期计入利息费用的未确认融资费用后的净额。

(三)现金及现金等价物净变动情况

本项目反映企业一定会计期间现金及现金等价物的期末余额减去期初余额后的净增加额(或净减少额),是对现金流量表中"现金及现金等价物净增加额"项目的补充说明。该项目与现金流量表中的"现金及现金等价物净增加额"项目存在勾稽关系,金额应相等。

第三节 现金流量表的编制实例

在具体编制现金流量表时,企业可根据业务量的大小及复杂程度,采用工作底稿法、T形账户法、分析填列法和现金流量台账法。

一、工作底稿法

工作底稿法是指以工作底稿为手段,以利润表和资产负债表数据为基础,结合有关科目的记录,对现金流量表的每个项目进行分析并编制调整分录,从而编制出现金流量表的一种方法。

(一)工作底稿的结构

在直接法下,工作底稿纵向分成三段,第一段是资产负债表项目,第二段为利润表项目,第三段为现金流量表项目。其中资产负债表项目又分为借方项目和贷方项目两部分。借方项目是指资产负债表中的资产类项目,"一年内到期的非流动资产"应当并回"持有至到期投资"等非流动资产项目中,"应收账款"、"存货"、"固定资产"、"无形资产"等项目只列示总额,有贷方余额的"坏账准备"、"存货跌价准备"、"累计折旧"、"固定资产减值准备"、"累计摊销"、"无形资产减值准备"等项目列为贷方项目;贷方项目是指资产负债表中的负债类项目和所有者权益类项目,"一年内到期的非流动负债"应当并回"长期借款"等非流动负债项目中。损益类项目是指反映企业收入、费用、利润(或亏损)的各个项目,对于中间性项目如营业利润、利润总额等不必列示。现金流量表项目直接按现金流量表正表中各个项目的顺序及名称排列。

工作底稿横向分成五栏,在资产负债表部分,第一栏是项目栏,填列资产负债表各项目名称;第二栏是期初数,用来填列资产负债表项目的期初余额;第三、四栏分别是调整分录的借方和贷方;第五栏是期末数,用来填列资产负债表项目的期末余额。在利润表和现金流量表部分,第一栏也是项目栏,用来填列利润表和现金流量表各项目名称;第二栏空置不填;第三、四栏分别是调整分录的借方和贷方;第五栏是本期数,利润表部分这一栏数字应和本期利润表数字核对相符,现金流量表部分这一栏的数字可直接用来编制正式的现金流量表。

(二)采用工作底稿法编制现金流量表的具体步骤

第一步,将资产负债表的期初余额和期末余额过入工作底稿的期初数栏和期末数栏。

第二步,对当期业务进行分析并编制调整分录。调整分录大体有这样几类:第一类是涉及利润表中的收入、成本和费用项目以及资产负债表中的资产、负债及所有者权益项目,通过调整,将权责发生制下的收入、费用转换为现金基础;第二类是涉及资产负债表和现金流量表中的投资、筹资项目,反映投资和筹资活动的现金流量;第三类是涉及利润表和现金流量表中的投资、筹资项目,目的是将利润表中有关投资和筹资方面的收入和费用列入现金流量表投资、筹资现金流量中。此外,还有一些调整分录并不涉及现金收支,只是为了核对资产负债表项目的期末年初变动。

在调整分录中,有关现金和现金等价物的事项,并不直接借记或贷记现金流量,而是分别记入"经营活动产生的现金流量"、"投资活动产生的现金流量"和"筹资活动产生的现金流量"等有关项目,借记表明现金流入,贷记表明现金流出。

第三步,将调整分录过入工作底稿中的相应部分。

第四步,核对调整分录,借贷合计应当相等,资产负债表项目期初数加减调整分录中的借贷金额以后,应当等于期末数。

第五步,根据工作底稿中的现金流量表项目部分编制正式的现金流量表。

注意在编制正式的现金流量表之前,应对工作底稿进行试算平衡。一是横向平衡,目的是看资产负债表项目和利润表项目是否全部调整完毕,既不能多调,也不能少调。二是纵向平衡,即调整分录借贷方合计数平衡。横向平衡的具体核对方法分为以下三种:

资产负债表部分的核对:

借方项目:期初数+调整分录借方数-调整分录贷方数=期末数

贷方项目:期初数+调整分录贷方数-调整分录借方数=期末数

损益表部分的核对:

成本费用类:调整分录借方数-调整分录贷方数=本期数

收入收益类:调整分录贷方数-调整分录借方数=本期数

现金流量表部分的核对:

现金流入项目:调整分录借方数-调整分录贷方数=本期数

现金流出项目:调整分录贷方数-调整分录借方数=本期数

(三)编制实例

沿用第二章第三节资料以及编制的资产负债表和利润表,运用工作底稿法编制现金流量表。

1.将资产负债表的年初余额和期末余额分别过入工作底稿的期初数栏和期末数栏,如表4-1所示。

2.对当期业务进行分析并编制调整分录。

(1)分析调整营业收入:

借:经营活动现金流量——销售商品收到的现金 931 600

应收账款 1 050 000

贷:主营业务收入 1 480 000

应收票据 250 000

应交税费 251 600

(2)分析调整营业成本:

借:主营业务成本 930 000

应付票据 150 000

应交税费 68 850

存货 62 300

贷:经营活动现金流量——购买商品支付的现金 912 250

应付账款 198 900

预付账款 100 000

(3)分析调整营业税金及附加:

借:营业税金及附加 3 800

贷:应交税费 3 800

(4)分析调整销售费用:

借:销售费用 50 000

贷:经营活动现金流量——支付其他与经营活动有关的现金 50 000

(5)分析调整管理费用:

借:管理费用 149 800

贷:经营活动现金流量——支付其他与经营活动有关的现金 149 800

(6)分析调整财务费用:

借:财务费用 11 900

贷:经营活动现金流量——销售商品收到的现金 11 900

(7)分析调整资产减值损失:

借:资产减值损失 26 500

贷:坏账准备 5 000

存货跌价准备 8 900

固定资产减值准备 12 600

(8)分析调整公允价值变动损益:

借:公允价值变动损益 5 000

贷:投资收益 5 000

(9)分析调整投资收益:

借:投资活动现金流量——收回投资收到的现金 58 000

贷:交易性金融资产　　50 000

投资收益　　8 000

(10)分析调整营业外支出:

借:营业外支出　　22 000

累计折旧　　980 000

贷:投资活动现金流量——支付其他与投资活动有关的现金　　2 000

固定资产　　1 000 000

(11)分析调整所得税费用:

借:所得税费用　　73 500

递延所得税资产　　9 375

贷:应交税费　　82 875

(12)分析调整应收股利:

借:投资活动现金流量——收到其他与投资活动有关的现金　　15 000

贷:应收股利　　15 000

(13)分析调整其他应收款:

借:经营活动现金流量——支付其他与经营活动有关的现金　　3 000

贷:其他应收款　　3 000

(14)分析调整存货:

借:经营活动现金流量——支付其他与经营活动有关的现金　　10 300

贷:存货　　10 300

(15)分析调整固定资产:

借:固定资产　　1 375 000

贷:在建工程　　990 000

投资活动现金流量——购建固定资产支付的现金　　385 000

(16)分析调整累计折旧:

借:经营活动现金流量——购买商品支付的现金　　57 500

——支付其他与经营活动有关的现金　　10 000

贷:累计折旧　　67 500

(17)分析调整在建工程:

借:在建工程　　273 000

贷:工程物质　　67 000

投资活动现金流量——购建固定资产支付的现金　　150 000

应付职工薪酬　　21 000

应付利息　　35 000

(18)分析调整工程物资

借:工程物资　　29 250

　　贷:投资活动现金流量——购建固定资产支付的现金　　29 250

(19)分析调整累计摊销:

借:经营活动现金流量——支付其他与经营活动有关的现金　　12 000

　　贷:累计摊销　　12 000

(20)分析调整长期待摊费用:

借:经营活动现金流量——购买商品支付的现金　　20 000

　　贷:长期待摊费用　　20 000

(21)分析调整短期借款:

借:短期借款　　200 000

　　贷:筹资活动现金流量——偿还债务支付的现金　　200 000

(22)分析调整应付职工薪酬:

借:经营活动现金流量——购买商品支付的现金　　507 300

　　　　　　　　　　——支付其他与经营活动有关的现金　　108 300

　　贷:经营活动现金流量——支付给职工以及为职工支付的现金　　540 000

　　　　应付职工薪酬　　75 600

(23)分析调整应交税费:

借:应交税费　　207 875

　　贷:经营活动现金流量——支付的各项税费　　207 875

(24)分析调整应付利息:

借:应付利息　　18 000

　　贷:筹资活动现金流量——偿还利息支付的现金　　18 000

(25)分析调整长期借款:

借:筹资活动现金流量——取得借款收到的现金　　500 000

　　贷:长期借款　　500 000

(26)结转净利润:

借:净利润　　220 500

　　贷:未分配利润　　220 500

(27)提取盈余公积:

借:未分配利润　　22 050

　　贷:盈余公积　　22 050

(28)分析调整现金净变化额:

借:现金净减少额　　423 075

　　贷:库存现金　　423 075

3.将上述调整分录过入工作底稿的相应部分,如表 4-1 所示。

表 4-1　现金流量表工作底稿　　单位:元

项　　目	期初数	调整分录		期末数
		借方	贷方	
一、资产负债表项目				
借方项目:				
货币资金	1 691 560		(28)423 075	1 268 485
交易性金融资产	50 000		(9)50 000	0
应收票据	270 000		(1)250 000	20 000
应收账款	360 000	(1)1 050 000		1 410 000
预付账款	120 000		(2)100 000	20 000
应收利息				
应收股利	25 200		(12)15 000	10 200
其他应收款	6 000		(13)3 000	3 000
存货	3 111 920	(2)62 300	(14)10 300	3 163 920
其他流动资产				
可供出售金融资产				
持有至到期投资				
长期应收款				
长期股权投资	300 000			300 000
投资性房地产				
固定资产	2 920 000	(15)1 375 000	(10)1 000 000	3 295 000
在建工程	1 800 000	(17)273 000	(15)990 000	1 083 000
工程物资	120 000	(18)29 250	(17)67 000	82 250
固定资产清理				
无形资产	600 000			600 000
开发支出				
商誉				
长期待摊费用	220 000		(20)20 000	200 000
递延所得税资产		(11)9 375		9 375
其他非流动资产				

项　　目	期初数	调整分录		期末数
		借方	贷方	
借方项目合计	10 594 680	2 798 925	2 928 375	10 465 230
贷方项目：				
坏账准备	7 080		(7)5 000	12 080
存货跌价准备	16 000		(7)8 900	24 900
累计折旧	1 480 000	(10)980 000	(16)67 500	567 500
累计摊销			(19)12 000	12 000
固定资产减值准备			(7)12 600	12 600
短期借款	360 000	(21)200 000		160 000
交易性金融负债				
应付票据	220 000	(2)150 000		70 000
应付账款	1 145 700		(2)198 900	1 344 600
预收款项				
应付职工薪酬	132 000		(17)21 000 (22)75 600	228 600
应交税费	26 000	(2)68 850 (23)207 875	(1)251 600 (3)3 800 (11)82 875	87 550
应付利息	7 900	(24)18 000	(17)35 000	24 900
应付股利				
其他应付款	60 000			60 000
其他流动负债				
长期借款	1 920 000		(25)500 000	2 420 000
应付债券				
长期应付款				
专项应付款				
预计负债				
递延所得税负债				
其他非流动负债				
实收资本(或股本)	6 000 000			6 000 000

续表

项　　目	期初数	调整分录		期末数
		借方	贷方	
资本公积				
减:库存股				
盈余公积	120 000		(27)22 050	142 050
未分配利润	100 000	(27)22 050	(26)220 500	298 450
贷方项目合计	10 594 680	1 646 775	1 517 325	10 465 230
二、利润表项目				
营业收入			(1)1 480 000	1 480 000
营业成本		(2)930 000		930 000
营业税金及附加		(3)3 800		3 800
销售费用		(4)50 000		50 000
管理费用		(5)149 800		149 800
财务费用		(6)11 900		11 900
资产减值损失		(7)26 500		26 500
公允价值变动收益(损失以"一"号填列)		(8)5 000		一5 000
投资收益(损失以"一"号填列)			(8)5 000 (9)8 000	13 000
营业外收入				
营业外支出		(10)22 000		22 000
所得税费用		(11)73 500		73 500
净利润(净亏损以"一"号填列)		(26)220 500		220 500
三、现金流量表项目				
(一)经营活动产生的现金流量				
销售商品、提供劳务收到的现金		(1)931 600	(6)11 900	919 700
收到的税费返还				
收到其他与经营活动有关的现金				
经营活动现金流入小计				919 700

续表

项目	期初数	调整分录		期末数
		借方	贷方	
购买商品、接受劳务支付的现金		(16)57 500 (20)20 000 (22)507 300	(2)912 250	327 450
支付给职工以及为职工支付的现金			(22)540 000	540 000
支付的各项税费			(23)207 875	207 875
支付其他与经营活动有关的现金		(13)3 000 (14)10 300 (16)10 000 (19)12 000 (22)108 300	(4)50 000 (5)149 800	56 200
经营活动现金流出小计				1 131 525
经营活动产生的现金流量净额				−211 825
(二)投资活动产生的现金流量				
收回投资收到的现金		(9)58 000		58 000
取得投资收益收到的现金				
处置固定资产、无形资产和其他长期资产收回的现金净额				
处置子公司及其他营业单位收到的现金净额				
收到其他与投资活动有关的现金		(12)15 000		15 000
投资活动现金流入小计				73 000
购建固定资产、无形资产和其他长期资产支付的现金净额			(15)385 000 (17)150 000 (18)29 250	564 250
投资支付的现金				
取得子公司及其他营业单位支付的现金净额				
支付其他与投资活动有关的现金			(10)2 000	2 000
投资活动现金流出小计				566 250
投资活动产生的现金流量净额				−493 250
(三)筹资活动产生的现金流量				

续表

项　目	期初数	调整分录		期末数
		借方	贷方	
吸收投资收到的现金				
取得借款收到的现金		(25)500 000		500 000
收到其他与筹资活动有关的现金				
筹资活动现金流入小计				500 000
偿还债务支付的现金			(21)200 000	200 000
分配股利、利润或偿付利息支付的现金			(24)18 000	18 000
支付其他与筹资活动有关的现金				
筹资活动现金流出小计				218 000
筹资活动产生的现金流量净额				282 000
四、汇率变动对现金及现金等价物的影响				
五、现金及现金等价物净减少额		(28)423 075		423 075
调整分录合计		8 594 775	8 594 775	

4. 核对调整分录。计算表内各栏目金额，做到横向平衡，资产负债表部分过入的期末数与计算的期末数相等，利润表本期数与企业当年利润表的本期数相等；做到纵向平衡，调整分录部分借方合计数等于贷方合计数。

5. 根据工作底稿中的现金流量表项目部分编制正式的现金流量表，如表 4-2 所示。

表 4-2　现金流量表

会企 03 表

编制单位：A 企业　　　　××年　　　　单位：元

项　目	本期金额	上期金额（略）
一、经营活动产生的现金流量		
销售商品、提供劳务收到的现金	919 700	
收到的税费返还		
收到其他与经营活动有关的现金		
经营活动现金流入小计	919 700	
购买商品、接受劳务支付的现金	327 450	
支付给职工以及为职工支付的现金	540 000	
支付的各项税费	207 875	
支付其他与经营活动有关的现金	56 200	

续表

项 目	本期金额	上期金额(略)
经营活动现金流出小计	1 131 525	
经营活动产生的现金流量净额	−211 825	
二、投资活动产生的现金流量		
收回投资收到的现金	58 000	
取得投资收益收到的现金		
处置固定资产、无形资产和其他长期资产收回的现金净额		
处置子公司及其他营业单位收到的现金净额		
收到其他与投资活动有关的现金	15 000	
投资活动现金流入小计	73 000	
购建固定资产、无形资产和其他长期资产支付的现金净额	564 250	
投资支付的现金		
取得子公司及其他营业单位支付的现金净额		
支付其他与投资活动有关的现金	2 000	
投资活动现金流出小计	566 250	
投资活动产生的现金流量净额	−493 250	
三、筹资活动产生的现金流量		
吸收投资收到的现金		
取得借款收到的现金	500 000	
收到其他与筹资活动有关的现金		
筹资活动现金流入小计	500 000	
偿还债务支付的现金	200 000	
分配股利、利润或偿付利息支付的现金	18 000	
支付其他与筹资活动有关的现金		
筹资活动现金流出小计	218 000	
筹资活动产生的现金流量净额	282 000	
四、汇率变动对现金及现金等价物的影响		
五、现金及现金等价物净增加额	−423 075	
加:期初现金及现金等价物余额	1 691 560	
六、期末现金及现金等价物余额	1 268 485	

二、T形账户法

T形账户法是指以利润表和资产负债表为基础，结合有关科目的记录，对现金流量表的每个项目进行分析并编制调整分录，通过“T形账户”编制出现金流量表的一种方法。

采用T形账户法编制现金流量表的具体步骤是：

第一步，为所有的非现金项目（包括资产负债表项目和利润表项目）分别开设T形账户，并将各自的期末、期初变动数过入各该账户。

第二步，开设一个大的“现金及现金等价物”T形账户，每边分为经营活动、投资活动和筹资活动三个部分，左边记现金流入，右边记现金流出。与其他账户一样，过入期末、期初变动数。

第三步，以利润表项目为基础，结合资产负债表分析每一个非现金流量项目的增减变动，并据此编制调整分录。

第四步，将调整分录过入T形账户，并进行核对，该账户借贷相抵后的余额与原先过入的期末期初变动数应当一致。

第五步，根据大的“现金及现金等价物”T形账户编制正式的现金流量表。

三、分析填列法

分析填列法是指直接根据资产负债表、利润表和有关会计科目明细账的记录，通过各数据之间的勾稽关系，分析计算出现金流量表各项目的金额，并据以编制现金流量表的一种方法。

现仍沿用第二章第三节资料以及编制的资产负债表、利润表和有关T形账户的记录，编制现金流量表。

（一）经营活动产生的现金流量

1.销售商品、提供劳务收到的现金

它＝主营业务收入＋应交税费（应交增值税——销项税额）＋应收票据（年初余额－期末余额）＋应收账款（年初余额－期末余额）－当期计提的坏账准备－应收票据贴现的利息＝1 480 000＋251 600＋（270 000－20 000）＋（352 920－1 397 920）－5 000－11 900 ＝1 480 000＋251 600＋250 000－1 045 000－5 000－11 900＝919 700（元）

2.购买商品、接受劳务支付的现金

它＝主营业务成本＋应交税费（应交增值税——进项税额）－存货（年初余额－期末余额）－存货跌价准备（年初余额－期末余额）＋应付票据（年初余额－期末余额）＋应付账款（年初余额－期末余额）＋预付款项（期末余额－年初余额）－当期列入生产成本、制造费用的职工薪酬－当期列入制造费用的折旧费和长期待摊费用＋管理部门领用的存货＝930 000＋68 850－（3 095 920－3 139 020）－（16 000－24 900）＋

(220 000－70 000)＋(1 145 700－1 344 600)＋(20 000－120 000)－507 300－57 500－20 000＋10 300＝930 000＋68 850＋43 100＋8 900＋150 000－198 900－100 000－507 300－57 500－20 000＋10 300＝327 450(元)

3. 支付给职工以及为职工支付的现金

它＝生产成本、制造费用、管理费用中的职工薪酬－应付职工薪酬中记入在建工程的人员薪酬＝690 000－150 000＝540 000(元)

4. 支付的各项税费

它＝当期实际支付的所得税＋当期实际支付的应交税费(应交增值税——已交税金)＋当期实际支付的营业税金及附加＝82 875＋121 200＋3 800＝207 875(元)

5. 支付其他与经营活动有关的现金

它＝销售费用＋管理费用(扣除折旧费用、无形资产摊销、职工薪酬、印花税等四税和计提减值损失后的数额)＋其他应收款(期末余额－年初余额)＝50 000＋9 200＋(3000－6000)＝56 200(元)

经营活动产生的现金流量净额＝919 700－327 450－540 000－207 875－56 200＝－211 825(元)

(二)投资活动产生的现金流量

1. 收回投资收到的现金

它＝交易性金融资产收到现金＝58 000(元)

2. 收到其他与投资活动有关现金

它＝收到已宣告但尚未领取的现金股利＝15 000(元)

3. 购建固定资产、无形资产和其他长期资产支付的现金净额

它＝用现金购买的固定资产、工程物资＋支付给在建工程人员的薪酬＝385 000＋29 250＋150 000＝564 250(元)

4. 支付其他与投资活动有关现金

它＝处置固定资产支付的现金净额＝2 000(元)

投资活动产生的现金流量净额＝58 000＋15 000－564 250－2 000

＝－493 250(元)

(三)筹资活动产生的现金流量

1. 取得借款收到的现金

它＝长期借款收现＝500 000(元)

2. 偿还债务支付的现金

它＝短期借款付现＝200 000(元)

3. 分配股利、利润或偿付利息支付的现金

它＝偿付利息付现＝18 000(元)

筹资活动产生的现金流量净额＝500 000－200 000－18 000＝282 000(元)

现金及现金等价物净增加额＝－211 825－493 250＋282 000＝－423 075(元)

根据上述资料编制现金流量表，如表 4-2 所示。

四、现金流量台账法

采用工作底稿法、T 形账户法编制现金流量表，都需要编制一系列的调整分录，技术难度大，而且十分繁琐，给会计实务工作增加很大的难度。现介绍一种适合中小企业采用的简易方法。

现金流量台账法是指直接根据收款凭证、付款凭证及与现金流量有关的转账凭证，分类登记现金流量台账，再根据现金流量台账编制现金流量表的一种方法。这种方法以企业的会计凭证为现金流量表的编制基础，基本上不依靠资产负债表和利润表资料，简易方便，无需编制调整分录，直观易理解，准确度高。缺点是造成日常工作量大增，只适合业务量不多的中小型企业。

（一）具体步骤

(1)开设"经营活动现金流量"、"投资活动现金流量"、"筹资活动现金流量"三大类台账，每类台账按现金流入各项目、现金流出各项目、现金流量净额设置专栏。

(2)涉及现金及现金等价物收支、引起现金净流量发生变化的经济业务，一方面在"现金日记账"、"银行存款日记账"、"其他货币资金明细账"等账户中进行登记，同时还应在"经营活动现金流量"、"投资活动现金流量"、"筹资活动现金流量"三大类台账中进行登记。

(3)每月终了，计算台账中各项目的合计数，计算现金流入小计、现金流出小计、现金流量净额。

(4)根据现金流量台账，编制现金流量表。

（二）编制实例

沿用第二章第三节资料，运用现金流量台账法编制现金流量表。

(1)分别开设经营活动现金流量、投资活动现金流量、筹资活动现金流量三大类台账。如表 4-3、4-4、4-5 所示。

(2)根据企业的收款凭证、付款凭证及其他涉及货币资金或现金等价物的转账凭证，登记各现金流量台账。

(3)期末，计算各现金流量台账的合计数。

(4)将各现金流量台账的合计数填入现金流量表的对应项目，编制正式的现金流量表，如表 4-2 所示。

五、现金流量表补充资料的编制

沿用第二章第三节资料及相关资产负债表(表 2-6)、利润表(表 3-4)及现金流量表正表(表 4-2)资料，现金流量表附注中补充资料各项目填列见表 4-6 所示。

表 4-3　经营活动现金流量

年		凭证号	摘　要	现金流入量				现金流出量					现金流量净额
月	日			销售商品、提供劳务收到的现金	收到的税费返还	收到其他与经营活动有关的现金	现金流入小　计	购买商品、接受劳务支付的现金	支付给职工以及为职工支付的现金	支付的各项税费	支付其他与经营活动有关的现金	现金流出小　计	
略		1	收到销售商品款	561 600			561 600						
		4	补付材料款					157 450				157 450	
		5	预付购货款					20 000				20 000	
		6	支付票据款					150 000				150 000	
		9	收到票据贴现款	158 100			158 100						
		11	收回票据款	80 000			80 000						
		17	收回应收账款	120 000			120 000						
		18	支付职工薪酬						540 000			540 000	
		19	支付广告费								50 000	50 000	
		20	支付电话费								6 200	6 200	
		34	交纳增值税与教育费附加							125 000		125 000	
		40	交纳所得税							82 875		82 875	
			合计	919 700			919 700	327 450	540 000	207 875	56 200	1 131 525	−211 825

表 4-4　投资活动现金流量

年		凭证号	摘要	现金流入量						现金流出量					现金流量净额
月	日			收回投资收到的现金	取得投资收益收到的现金	处置固定资产、无形资产和其他长期资产收回的现金净额	处置子公司及其他营业单位收到的现金净额	收到其他与投资活动有关的现金	现金流入小计	购建固定资产、无形资产和其他长期资产支付的现金净额	投资支付的现金	取得子公司及其他营业单位支付的现金净额	支付其他与投资活动有关的现金	现金流出小计	
略		7	购入固定资产							385 000				385 000	
		8	兑现交易性金融资产	58 000					58 000						
		10	收到现金股利		15 000				15 000						
		13	支付工程物资款							29 250				29 250	
		16	处置固定资产										2 000	2 000	
		18	支付在建工程人员工资							150 000				150 000	
			合　计	58 000	15 000				73 000	564 250			2 000	566 250	—493 250

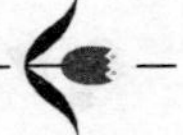

表 4-5　筹资活动现金流量

年		凭证号	摘　要	现金流入量				现金流出量				现金流量净额
月	日			吸收投资收到的现金	取得借款收到的现金	收到其他与筹资活动有关的现金	现金流入小计	偿还债务支付的现金	分配股利、利润或偿付利息支付的现金	支付其他与筹资活动有关的现金	现金流出小计	
略		27	取得长期借款		500 000							
		29	归还短期借款					200 000				
		29	偿付利息						18 000			
			合计		500 000		500 000	200 000	18 000		218 000	282 000

表 4-6　现金流量表补充资料　　单位:元

补充资料	本期金额	上期金额(略)
1.将净利润调节为经营活动现金流量:		
净利润	220 500	
加:资产减值准备	26 500	
固定资产折旧、油气资产折耗、生产性生物资产折旧	67 500	
无形资产摊销	12 000	
长期待摊费用摊销	20 000	
处置固定资产、无形资产和其他长期资产的损失(收益以"—"号填列)		
固定资产报废损失(收益以"—"号填列)	22 000	
公允价值变动损失(收益以"—"号填列)	5 000	
财务费用(收益以"—"号填列)		
投资损失(收益以"—"号填列)	—13 000	
递延所得税资产减少(增加以"—"号填列)	—9 375	
递延所得税负债增加(减少以"—"号填列)		
存货的减少(增加以"—"号填列)	—52 000	
经营性应收项目的减少(增加以"—"号填列)	—697 000	
经营性应付项目的增加(减少以"—"号填列)	186 050	
其他		
经营活动产生的现金流量净额	—211 825	
2.不涉及现金收支的重大投资和筹资活动		
债务转为资本		
一年内到期的可转换企业债券		
融资租入固定资产		
3.现金及现金等价物净变动情况		
现金的期末余额	1 268 485	
减:现金的期初余额	1 691 560	
加:现金等价物的期末余额		
减:现金等价物的期初余额		
现金及现金等价物净增加额	—423 075	

补充资料各项目的数据来源如下：

(1)净利润：本年度利润表的“净利润”项目金额 220 500 元。

(2)资产减值准备：查找本期“资产减值损失”科目，本期计提坏账准备 5 000 元、存货跌价准备 8 900 元以及固定资产减值准备 12 600 元，共计 26 500 元。

(3)固定资产折旧、油气资产折耗、生产性生物资产折旧：查找本期“累计折旧”科目，本期计提的固定资产折旧 67 500 元。

(4)无形资产摊销：查找本期“累计摊销”科目，本期摊销的无形资产 12 000 元。

(5)长期待摊费用摊销：查找本期“长期待摊费用”科目，本期摊销数 20 000 元。

(6)处置固定资产、无形资产和其他长期资产的损失(收益以“－”号列)：查找本期“营业外支出”、“营业外收入”科目，以转入营业外支出的处置损失与转入营业外收入的处置收益的差额填列。本期未发生处置业务，金额为 0。

(7)固定资产报废损失：查找本期“营业外支出”科目，转入营业外支出的报废损失为 22 000 元。

(8)公允价值变动损失：查找本期“公允价值变动损益”科目，借方发生额为 5 000 元。如为收益，以“－”表示。

(9)财务费用：查找本期“财务费用”科目，其中与投资活动、筹资活动有关的财务费用为 0。本项目不包括经营活动贴现的利息 11 900 元。

(10)投资损失：查找本期利润表的投资收益项目，该项目金额为 13 000 元，说明是投资收益，应以“－”表示。

(11)递延所得税资产减少：查找本年末资产负债表“递延所得税资产”项目的年初余额与期末余额的差额，期末余额大于年初余额的差额为 9 375 元，说明递延所得税资产增加，应以－9 375 元表示。

(12)递延所得税负债增加：查找本年末资产负债表“递延所得税负债”项目的年初余额与期末余额的差额，两者均为 0，说明未发生递延所得税负债，该项目金额为 0。

(13)存货的减少：查找本年末资产负债表中“存货”项目的期末余额和年初余额，在此基础上分别加回已扣除的存货跌价准备金额。因为资产负债表中的存货是按扣除存货跌价准备的余额列示的，而存货跌价准备已在“资产减值准备”项目中调整过。存货＝(存货年初余额＋存货跌价准备科目年初余额)－(存货期末余额＋存货跌价准备科目期末余额)＝(3 095 920＋16 000)－(3 139 020＋24 900)＝－52 000(元)。

(14)经营性应收项目的减少：查找本期“应收票据”、“应付账款”、“预付账款”、“其他应收款”科目，按各项目年初余额与期末余额的差额填列。之所以查找科目，是因为资产负债表中的应收票据、应收账款、预付账款、其他应收款是按扣除坏账准备的余额列示的，而坏账准备已在“资产减值准备”项目中调整过，本项目要采用应收票据、应收账款、预付账款、其他应收款的账面余额。

经营性应收项目＝应收票据（年初余额－期末余额）＋应收账款（年初余额－期末余额）＋预付账款（年初余额－期末余额）＋其他应收款（年初余额－期末余额）＝（270 000－20 000）＋（360 000－1 410 000）＋（120 000－20 000）＋（6 000－3 000）＝－697 000（元）

（15）经营性应付项目的增加：查找本年末资产负债表中“应付票据”、“应付账款”、“预收账款”、“应付职工薪酬”、“应交税费”、“其他应付款”等项目及有关各项目的科目，按各项目与经营活动有关的期末余额与年初余额的差额填列。经查账确认应付职工薪酬的年末余额 228 600 元中，包括在建工程人员的福利费 21 000 元，属于投资活动引起，不包括在本项目内。

经营性应付项目＝应付票据（期末余额－年初余额）＋应付账款（期末余额－年初余额）＋应付职工薪酬（期末余额－年初余额）＋应交税费（期末余额－年初余额）＋其他应付款（期末余额－年初余额）＝（70 000－220 000）＋（1 344 600－1 145 700）＋〔（228 600－21 000）－132 000〕＋（87 550－26 000）＋（60 000－60 000）＝186 050（元）

思考题

1. 现金流量表的编制基础是什么？
2. 现金流量是如何分类的？
3. 什么是直接法？如何运用直接法编制现金流量表？
4. 什么是间接法？如何运用间接法编制现金流量表的补充资料？
5. 如何运用分析填列法编制现金流量表？

第五章

其他财务会计报告

第一节　所有者权益变动表

一、所有者权益变动表的内容及结构

所有者权益变动表是指反映构成所有者权益各组成部分当期增减变动情况的报表。所有者权益变动表应当全面反映一定时期所有者权益变动的情况，不仅包括所有者权益总量的增减变动，还包括所有者权益增减变动的重要结构性信息，特别是要反映直接计入所有者权益的利得和损失，让报表使用者准确理解所有者权益增减变动的根源。

所有者权益变动表至少应当单独列示反映下列的项目：①净利润；②直接计入所有者权益的利得和损失项目及其总额；③会计政策变更和差错更正的累积影响金额；④所有者投入资本和向所有者分配利润等；⑤按照规定提取的盈余公积；⑥实收资本(或股本)、资本公积、盈余公积、未分配利润的期初和期末余额及其调节情况。

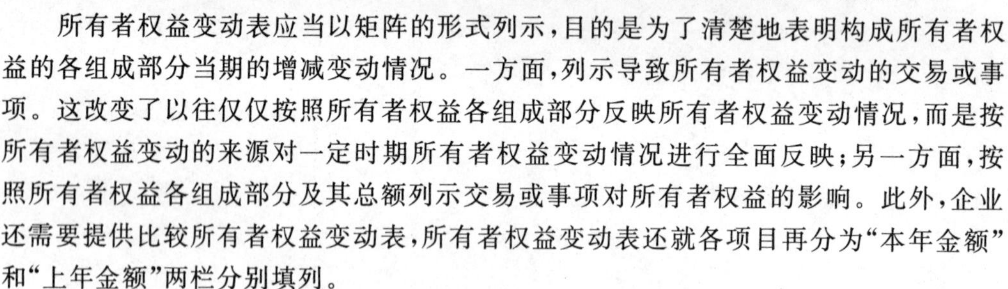

所有者权益变动表应当以矩阵的形式列示，目的是为了清楚地表明构成所有者权益的各组成部分当期的增减变动情况。一方面，列示导致所有者权益变动的交易或事项。这改变了以往仅仅按照所有者权益各组成部分反映所有者权益变动情况，而是按所有者权益变动的来源对一定时期所有者权益变动情况进行全面反映；另一方面，按照所有者权益各组成部分及其总额列示交易或事项对所有者权益的影响。此外，企业还需要提供比较所有者权益变动表，所有者权益变动表还就各项目再分为“本年金额”和“上年金额”两栏分别填列。

所有者权益变动表结构如表 5-2 所示。

二、所有者权益变动表的编制

所有者权益各项目应当根据当期净利润、直接计入所有者权益的利得和损失项目、所有者投入资本和向所有者分配利润、提取盈余公积等情况分析填列。所有者权

益变动表列示说明如下：

（一）“上年年末余额”项目

“上年年末余额”项目，反映企业上年资产负债表中实收资本（或股本）、资本公积、库存股、盈余公积、未分配利润的年末余额。

（二）“会计政策变更”、“前期差错更正”项目

“会计政策变更”、“前期差错更正”项目，分别反映企业采用追溯调整法处理的会计政策变更的累积影响金额和采用追溯重述法处理的会计差错更正的累积影响金额。

为了体现会计政策变更和前期差错更正的影响，企业应当在上期期末所有者权益余额的基础上进行调整得出本期期初所有者权益，根据“盈余公积”、“利润分配”、“以前年度损益调整”等科目的发生额分析填列。

（三）“本年增减变动额”项目

(1)“净利润”项目，反映企业当年实现的净利润（或净亏损）金额，对应列在“未分配利润”栏。

(2)“直接计入所有者权益的利得和损失”项目，反映企业当年直接计入所有者权益的利得和损失金额。其中：

“可供出售金融资产公允价值变动净额”项目，反映企业持有的可供出售金融资产当年公允价值变动的金额，对应列在“资本公积”栏。

“权益法下被投资单位其他所有者权益变动的影响”项目，反映企业对按照权益法核算的长期股权投资，在被投资单位除当年实现的净损益以外其他所有者权益当年变动中应享有的份额，对应列在“资本公积”栏。

“与计入所有者权益项目相关的所得税影响”项目，反映企业根据《企业会计准则第18号——所得税》应计入所有者权益项目的当年所得税影响金额，对应列在“资本公积”栏。

(3)“所有者投入和减少资本”项目，反映企业当年所有者投入的资本和减少的资本。

“所有者投入资本”项目，反映企业接受投资者投入形成的实收资本（或股本）和资本溢价或股本溢价，对应列在“实收资本”和“资本公积”栏。

“股份支付计入所有者权益的金额”项目，反映企业处于等待期中的权益结算的股份支付当年计入资本公积的金额，对应列在“资本公积”栏。

(4)“利润分配”下各项目，反映企业当年对所有者（股东）分配的利润（或股利）金额和按照规定提取的盈余公积金额，对应列在“未分配利润”和“盈余公积”栏。其中：

“提取盈余公积”项目，反映企业按照规定提取的盈余公积。

“对所有者（或股东）的分配”项目，反映对所有者（或股东）分配的利润（或股利）金额。

(5)“所有者权益内部结转”下各项目，反映不影响当年所有者权益总额的所有者

权益各组成部分之间当年的增减变动，包括资本公积转增资本(或股本)、盈余公积转增资本(或股本)、盈余公积弥补亏损等项金额。

“资本公积转增资本(或股本)”项目，反映企业以资本公积转增资本或股本的金额。

“盈余公积转增资本(或股本)”项目，反映企业以盈余公积转增资本或股本的金额。

“盈余公积弥补亏损”项目，反映企业以盈余公积弥补亏损的金额。

【例 5-1】 AB 企业××年度所有者权益年初余额如表 5-1 所示。

表 5-1 单位:元

科目名称	年初余额
股　本	4 200 000
资本公积	233 300
盈余公积	150 000
未分配利润	90 000
所有者权益合计	4 673 300

该企业本年度实现净利润 143 700 元，提取盈余公积 21 555 元，向股东分配现金股利 81 145 元。企业除上述业务外，无其他引起所有者权益变动情况。

根据上述资料，编制该企业所有者权益变动表如表 5-2 所示。

第二节　财务报表附注

一、财务报表附注概述

(一)附注概念

附注是对在资产负债表、利润表、现金流量表和所有者权益变动表等报表中列示项目的文字描述或明细资料，以及对未能在这些报表中列示项目的说明等。

附注是财务报表不可或缺的组成部分，因为财务报表有固定的格式、项目和填列方法，有其特有的局限性，报表中的数据是经过分类与汇总后的结果，是高度简化、浓缩后的符号，不仅非专业人员难以理解，即使是专业人员，如果没有披露所使用的会计政策、总括数字的明细记录以及理解报表数字所必需的其他解释，财务报表也不可能充分发挥其效用，财务信息的预测能力与反馈能力就会显著降低。因此，附注相对于报表具有同样的重要性，是财务报表的重要有机组成部分。

表 5-2　所有者权益变动表

××年度

会企 04

编制单位：AB 企业　　　　单位：元

项　目	本年金额						上年金额					
	实收资本	资本公积	减：库存股	盈余公积	未分配利润	所有者权益合计	实收资本（或股本）	资本公积	减：库存股	盈余公积	未分配利润	所有者权益合计
一、上年年末余额	4 200 000	233 300		150 000	90 000	4 673 300						
加：会计政策变更												
前期差错更正												
二、本年年初余额	4 200 000	233 300		150 000	90 000	4 673 300						
三、本年增减变动金额（减少以“－”号填列）												
（一）净利润					143 700	143 700						
（二）直接计入所有者权益的利得和损失												
1. 可供出售金融资产公允价值变动净额												
2. 权益法下被投资单位其他所有者权益变动的影响												
3. 与计入所有者权益项目相关的所得税影响												
4. 其他												
上述（一）和（二）小计												

续表

项　　目	本年金额						上年金额					
	实收资本	资本公积	减:库存股	盈余公积	未分配利润	所有者权益合计	实收资本(或股本)	资本公积	减:库存股	盈余公积	未分配利润	所有者权益合计
(三)所有者投入和减少资本												
1.所有者投入资本												
2.股份支付计入所有者权益的金额												
3.其他												
(四)利润分配												
1.提取盈余公积				21 555	−21 555	0						
2.对所有者(或股东)的分配					−81 145	−81 145						
3.其他												
(五)所有者权益内部结转												
1.资本公积转增资本(或股本)												
2.盈余公积转增资本(或股本)												
3.盈余公积弥补亏损												
4.其他												
四、本年年末余额	4 200 000	233 300		171 555	131 000	4 735 855	4 200 000	233 300		150 000	90 000	4 673 300

（二）附注披露的基本要求

（1）附注披露的信息应当是定量、定性信息的结合，从而能从量和质两个角度对企业经济事项完整地进行反映，也才能满足信息使用者的决策需求。

（2）附注应当按照一定的结构进行系统合理的排列和分类，有顺序地披露信息。由于附注的内容繁多，因此更应按逻辑顺序排列，分类披露，条理清晰，具有一定的组织结构，以便于使用者理解和掌握，也可更好地实现财务报表的可比性。

（3）附注相关信息应当与资产负债表、利润表、现金流量表和所有者权益变动表等报表中列示的项目相互参照，以有助于使用者联系相关联的信息，并由此从整体上更好地理解财务报表。

二、财务报表附注披露的内容

附注应当按照如下顺序披露有关内容：

（一）企业的基本情况

（1）企业注册地、组织形式和总部地址；

（2）企业的业务性质和主要经营活动；

（3）母公司以及集团最终母公司的名称；

（4）财务会计报告的批准报出者和财务会计报告批准报出日。

（二）财务报表的编制基础

附注应当披露财务报表的编制基础，相关信息应当与资产负债表、利润表、现金流量表和所有者权益变动表等报表中列示的项目互相参照。包括会计年度、记账本位币、会计计量所运用的计量基础、现金和现金等价物的构成。

（三）遵循企业会计准则的声明

企业应当明确说明编制的会计报表符合企业会计准则体系的要求，真实、公允地反映了企业的财务状况、经营成果和现金流量。

（四）重要会计政策和会计估计

企业应当披露重要的会计政策和会计估计，不具有重要性的会计政策和会计估计可以不披露。判断会计政策和会计估计是否重要，应当考虑与会计政策或会计估计相关项目的性质和金额。企业应当披露会计政策的确定依据，例如，如何判断持有的金融资产为持有至到期的投资而不是交易性投资；对于拥有的持股不足50%的企业，如何判断企业拥有控制权并因此将其纳入合并范围；如何判断与租赁资产相关的所有风险和报酬已转移给企业；以及投资性房地产的判断标准等，这些判断对报表中确认的项目金额具有重要影响。企业应当披露会计估计中所采用的关键假设和不确定因素的确定依据，例如，固定资产可收回金额的计算需要根据其公允价值减去处置费用后的净额与预计未来现金流量的现值两者之间的较高者确定，在计算资产预计未来现金流量的现值时需要对未来现金流量进行预测，选择适当的折现率，并应当在附注中披露未来现金流量预测所采用的假设及其依据、所选择的折现率的合理性等。

企业一般应当披露以下会计政策：

(1)存货：①确定发出存货成本所采用的方法；②可变现净值的确定方法；③存货跌价准备的计提方法。

(2)投资性房地产：①投资性房地产的计量模式；②采用公允价值模式的、投资性房地产公允价值的确定依据和方法。

(3)固定资产：①固定资产的确认条件和计量基础；②固定资产的折旧方法。

(4)生物资产：各类生产性生物资产的折旧方法。

(5)无形资产：①使用寿命有限的无形资产的使用寿命的估计情况；②使用寿命不确定的无形资产的使用寿命不确定的判断依据；③无形资产的摊销方法；④企业判断无形资产项目支出满足资本化条件的依据。

(6)资产减值：①资产或资产组可收回金额的确定方法；②可收回金额按照资产组的公允价值减去处置费用后的净额确定的，确定公允价值减去处置费用后的净额的方法、所采用的各关键假设及其依据；③可收回金额按照资产组预计未来现金流量的现值确定的，预计未来现金流量的各关键假设及其依据；④分摊商誉到不同资产组采用的关键假设及其依据。

(7)股份支付权益工具公允价值的确定方法。

(8)债务重组：债务人债务重组转让的非现金资产的公允价值、由债务转成的股份的公允价值和修改其他债务条件后债务的公允价值的确定方法及依据。

(9)收入确认所采用的会计政策，包括确定提供劳务交易完工进度的方法。

(10)建造合同确定合同完工进度的方法。

(11)所得税确认递延所得税资产的依据。

(12)外币折算企业及其境外经营选定的记账本位币及选定的原因，记账本位币发生变更的理由。

(13)金融工具：①对于指定为以公允价值计量且其变动计入当期损益的金融资产或金融负债，应当披露下列信息：A. 指定的依据及指定的金融资产或金融负债的性质；B. 指定后如何消除或明显减少原来由于该金融资产或金融负债的计量基础不同所导致的相关利得或损失在确认或计量方面不一致的情况，以及是否符合企业正式书面文件载明的风险管理或投资策略的说明。②指定金融资产为可供出售金融资产的条件。③确定金融资产已发生减值的客观依据以及计量确定金融资产减值损失所使用的具体方法。④金融资产和金融负债的利得和损失的计量基础。⑤金融资产和金融负债终止确认的条件。⑥其他与金融工具相关的会计政策。

(14)租赁：①承租人分摊未确认融资费用所采用的方法；②出租人分配未实现融资收益所采用的方法。

(15)其他。

（五）会计政策和会计估计变更以及差错更正的说明

(1)会计政策变更的性质、内容和原因。

(2)当期和各个列报前期会计报表中受影响的项目名称和调整金额。

(3)会计政策变更无法进行追溯调整的事实和原因以及开始应用变更后的会计政策的时点、具体应用情况。

(4)会计估计变更的内容和原因。

(5)会计估计变更对当期和未来期间的影响金额。

(6)会计估计变更的影响数不能确定的事实和原因。

(7)前期差错的性质。

(8)各个列报前期会计报表中受影响的项目名称和更正金额；前期差错对当期会计报表也有影响的，还应披露当期会计报表中受影响的项目名称和金额。

(9)前期差错无法进行追溯重述的事实和原因以及对前期差错开始进行更正的时点、具体更正情况。

（六）重要报表项目的说明

企业应当尽可能以列表形式披露重要报表项目的构成或当期增减变动情况。对重要报表项目的明细说明，应当按照资产负债表、利润表、现金流量表、所有者权益变动表的顺序以及报表项目列示的顺序进行披露，应当以文字和数字描述相结合进行披露，并与报表项目相互参照。

（七）或有和承诺事项的说明

(1)预计负债的种类、形成原因以及对经济利益流出不确定性的说明。

(2)与预计负债有关的预期补偿金额和本期已确认的预期补偿金额。

(3)或有负债的种类，形成原因及经济利益流出不确定性的说明。

(4)或有负债预计产生的财务影响，以及获得补偿的可能性；无法预计的，应当说明原因。

(5)或有资产很可能会给企业带来经济利益的，其形成的原因、预计产生的财务影响。

(6)在涉及未决诉讼、未决仲裁的情况下，披露全部或部分信息预期对企业造成重大不利影响的，该未决诉讼、未决仲裁的性质以及没有披露这些信息的事实和原因。

（八）资产负债表日后事项的说明

(1)每项重要的资产负债表日后非调整事项的性质、内容，及其对财务状况和经营成果的影响。无法作出估计的，应当说明原因。

(2)资产负债表日后，企业利润分配方案中拟分配的以及经审议批准宣告发放的股利或利润。

（九）关联方关系及其交易的说明

(1)本企业的母公司有关信息披露，包括母公司名称、注册地、业务性质和注册资本。母公司不是本企业最终控制方的，说明最终控制方名称。母公司和最终控制方均不对外提供财务报表的，说明母公司之上与其最相近的对外提供财务报表的母公司名称。

(2)母公司对本企业的持股比例和表决权比例。

(3)本企业的子公司有关信息披露，包括子公司名称、注册地、业务性质、注册资本(或实收资本、股本)及其当期发生的变化等。

(4)本企业的合营企业有关信息披露，包括被投资单位名称、注册地、业务性质、注册资本(或实收资本、股本)及其当期发生的变化等。

(5)本企业与关联方发生交易的，分别说明各关联方关系的性质、交易类型及交易要素。交易要素至少应当包括：①交易的金额。②未结算项目的金额、条款和条件，以及有关提供或取得担保的信息。③未结算应收项目的坏账准备金额。④定价政策。

三、财务报表附注披露的参考格式

1. 交易性金融资产

企业应当披露交易性金融资产的构成及年初、期末公允价值等信息。交易性金融资产的披露格式如表 5-3 所示。

表 5-3

项　目	期末公允价值	年初公允价值
1. 交易性债券投资		
2. 交易性权益工具投资		
3. 指定为以公允价值计量且其变动计入当期损益的金融资产		
4. 衍生金融资产		
5. 其他		
合　计		

2. 应收款项

企业应当披露应收款项的账龄结构和客户类别以及年初、期末账面余额等信息。

(1)应收账款按账龄结构披露的格式如表 5-4 所示。

表 5-4

账龄结构	期末账面余额	年初账面余额
1 年以内(含 1 年)		
1 年至 2 年(含 2 年)		
2 年至 3 年(含 3 年)		

续表

账龄结构	期末账面余额	年初账面余额
3 年以上		
合　计		

注:有应收票据、预付账款、长期应收款、其他应收款的,比照应收账款进行披露。

(2)应收账款按客户类别披露的格式如表 5-5 所示。

表 5-5

客户类别	期末账面余额	年初账面余额
客户 1		
……		
其他客户		
合　计		

注:有应收票据、预付账款、长期应收款、其他应收款的,比照应收账款进行披露。

3. 存货

企业应当披露下列信息:

(1)各类存货的期初和期末账面价值;

(2)确定发出存货成本所采用的方法;

(3)存货可变现净值的确定依据,存货跌价准备的计提方法,当期计提的存货跌价准备的金额,当期转回的存货跌价准备的金额,以及计提和转回的有关情况;

(4)用于担保的存货账面价值。

企业存货和存货跌价准备披露格式分别如表 5-6、5-7 所示。

表 5-6

存货种类	年初账面余额	本期增加额	本期减少额	期末账面余额
1. 原材料				
2. 在产品				
3. 库存商品				
4. 周转材料				
5. 消耗性生物资产				
……				
合　计				

表 5-7

存货种类	年初账面余额	本期计提额	本期减少额		期末账面余额
			转回	转销	
1.原材料					
2.在产品					
3.库存商品					
4.周转材料					
5.消耗性生物资产					
6.建造合同形成的资产					
……					
合　计					

4.其他流动资产的披露格式如表 5-8 所示。

表 5-8

项　目	期末账面价值	年初账面价值
1.		
……		
合　计		

注:有长期待摊费用、其他非流动资产的,比照其他流动资产进行披露。

5.可供出售金融资产的披露格式如表 5-9 所示。

表 5-9

项　目	期末公允价值	年初公允价值
1.可供出售债券		
2.可供出售权益工具		
3.其他		
合　计		

6.持有至到期投资的披露格式如表 5-10 所示。

表 5-10

项　目	期末账面余额	年初账面余额
1.		
……		
合　计		

7. 长期股权投资

(1)长期股权投资的披露格式如表5-11所示。

表 5-11

被投资单位	期末账面余额	年初账面余额
1.		
……		
合 计		

(2)被投资单位由于所在国家或地区及其他方面的影响,其向投资企业转移资金的能力受到限制的,应当披露受限制的具体情况。

(3)当期及累计未确认的投资损失金额。

8. 投资性房地产

(1)企业采用成本模式进行后续计量的格式披露如表5-12所示。

表 5-12

项 目	年初账面余额	本期增加额	本期减少额	期末账面余额
一、原价合计				
1. 房屋、建筑物				
2. 土地使用权				
二、累计折旧和累计摊销合计				
1. 房屋、建筑物				
2. 土地使用权				
三、投资性房地产减值准备累计金额合计				
1. 房屋、建筑物				
2. 土地使用权				
四、投资性房地产账面价值合计				
1. 房屋、建筑物				
2. 土地使用权				

(2)企业采用公允价值模式进行后续计量的,应当披露投资性房地产公允价值的确定依据及公允价值金额的增减变动情况。

(3)如有房地产转换的,应当说明房地产转换的原因及其影响。

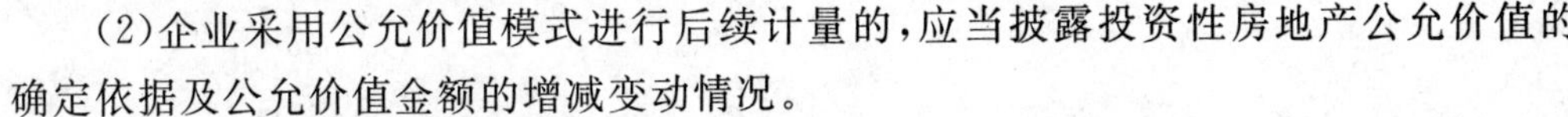

9. 固定资产

(1)固定资产的披露格式如表 5-13 所示。

表 5-13

项　　目	年初账面余额	本期增加额	本期减少额	期末账面余额
一、原价合计				
其中:房屋、建筑物				
机器设备				
运输工具				
……				
二、累计折旧合计				
其中:房屋、建筑物				
机器设备				
运输工具				
……				
三、固定资产减值准备累计金额合计				
其中:房屋、建筑物				
机器设备				
运输工具				
……				
四、固定资产账面价值合计				
其中:房屋、建筑物				
机器设备				
运输工具				
……				

(2)企业确有准备处置固定资产的,应当说明准备处置的固定资产名称、账面价值、公允价值、预计处置费用和预计处置时间等。

10. 无形资产

(1)各类无形资产的披露格式如表 5-14 所示。

表 5-14

项　目	年初账面余额	本期增加额	本期减少额	期末账面余额
一、原价合计				
1.				
……				
二、累计摊销额合计				
1.				
……				
三、无形资产减值准备累计金额合计				
1.				
……				
四、无形资产账面价值合计				
1.				
……				

(2)计入当期损益和确认为无形资产的研究开发支出金额。

11. 递延所得税资产和递延所得税负债

(1)已确认递延所得税资产和递延所得税负债的披露格式如表 5-15 所示。

表 5-15

项　目	期末账面余额	年初账面余额
一、递延所得税资产		
1.		
……		
合 计		
二、递延所得税负债		
1.		
……		
合　计		

(2)未确认递延所得税资产的可抵扣暂时性差异、可抵扣亏损等的金额(存在到期日的,还应披露到期日)。

12. 资产减值准备的披露格式如表 5-16 所示。

表 5-16

项　目	年初账面余额	本期计提额	本期减少额		期末账面余额
			转回	转销	
一、坏账准备					
二、存货跌价准备					
三、可供出售金融资产减值准备					
四、持有至到期投资减值准备					
五、长期股权投资减值准备					
六、投资性房地产减值准备					
七、固定资产减值准备					
八、工程物资减值准备					
九、在建工程减值准备					
十、生产性生物资产减值准备					
其中:成熟生产性生物资产减值准备					
十一、油气资产减值准备					
十二、无形资产减值准备					
十三、商誉减值准备					
十四、其他					
合　计					

13. 交易性金融负债的披露格式如表 5-17 所示。

表 5-17

项　目	期末公允价值	年初公允价值
1. 发行的交易性债券		
2. 指定为以公允价值计量且其变动计入当期损益的金融负债		
3. 衍生金融负债		
4. 其他		
合　计		

14. 职工薪酬

(1)应付职工薪酬的披露格式如表 5-18 所示。

表 5-18

项　目	年初账面余额	本期增加额	本期支付额	期末账面余额
一、工资、奖金、津贴和补贴				
二、职工福利费				
三、社会保险费				
其中:1.医疗保险费				
2.基本养老保险费				
3.年金缴费				
4.失业保险费				
5.工伤保险费				
6.生育保险费				
四、住房公积金				
五、工会经费和职工教育经费				
六、非货币性福利				
七、因解除劳动关系给予的补偿				
八、其他				
其中:以现金结算的股份支付				
合　计				

(2)企业本期为职工提供的各项非货币性福利形式、金额及其计算依据。

15.应交税费的披露格式如表 5-19 所示。

表 5-19

税费项目	期末账面余额	年初账面余额
1.增值税		
……		
合　计		

16.短期借款和长期借款

(1)借款的披露格式如表 5-20 所示。

表 5-20

项目	短期借款		长期借款	
	期末账面余额	年初账面余额	期末账面余额	年初账面余额
信用借款				
抵押借款				
质押借款				
保证借款				
合计				

(2)对于期末逾期借款,应分别贷款单位、借款金额、逾期时间、年利率、逾期未偿还原因和预期还款期等进行披露。

17.应付债券的披露格式如表 5-21 所示。

表 5-21

项目	年初账面余额	本期增加额	本期减少额	期末账面余额
1.				
……				
合计				

18.长期应付款的披露格式如表 5-22 所示。

表 5-22

项目	期末账面价值	年初账面价值
1.		
……		
合计		

19.营业收入

(1)营业收入的披露格式如表 5-23 所示。

表 5-23

项目	本期发生额	上期发生额
1.主营业务收入		
2.其他业务收入		
合计		

20.公允价值变动收益的披露格式如表5-24所示。

表5-24

产生公允价值变动收益的来源	本期发生额	上期发生额
1.		
……		
合 计		

21.投资收益

(1)投资收益的披露格式如表5-25所示。

表5-25

产生投资收益的来源	本期发生额	上期发生额
1.		
……		
合 计		

(2)按照权益法核算的长期股权投资,直接以被投资单位的账面净损益计算确认投资损益的事实及原因。

22.资产减值损失的披露格式如表5-26所示。

表5-26

项 目	本期发生额	上期发生额
一、坏账损失		
二、存货跌价损失		
三、可供出售金融资产减值损失		
四、持有至到期投资减值损失		
五、长期股权投资减值损失		
六、投资性房地产减值损失		
七、固定资产减值损失		
八、工程物资减值损失		
九、在建工程减值损失		
十、生产性生物资产减值损失		
十一、油气资产减值损失		

续表

项　目	本期发生额	上期发生额
十二、无形资产减值损失		
十三、商誉减值损失		
十四、其他		
合　计		

23. 营业外收入的披露格式如表 5-27 所示。

表 5-27

项　目	本期发生额	上期发生额
1. 非流动资产处置利得合计		
其中：固定资产处置利得		
无形资产处置利得		
……		
合　计		

24. 营业外支出的披露格式如表 5-28 所示。

表 5-28

项　目	本期发生额	上期发生额
1. 非流动资产处置损失合计		
其中：固定资产处置损失		
无形资产处置损失		
……		
合　计		

25. 租赁

(1) 融资租赁出租人应当说明未实现融资收益的余额，并披露与融资租赁有关的下列信息。披露格式如表 5-29 所示。

表 5-29

剩余租赁期	最低租赁收款额
1 年以内(含 1 年)	
1 年以上 2 年以内(含 2 年)	

续表

剩余租赁期	最低租赁收款额
2年以上3年以内(含3年)	
3年以上	
合　计	

(2)经营租赁出租人各类租出资产的披露格式如表5-30所示。

表5-30

经营租赁租出资产类别	期末账面价值	年初账面价值
1.机器设备		
2.运输工具		
……		
合　计		

(3)融资租赁承租人应当说明未确认融资费用的余额,并披露与融资租赁有关的下列信息:

①各类租入固定资产的年初和期末原价、累计折旧额、减值准备累计金额。

②以后年度将支付的最低租赁付款额的披露格式如表5-31所示。

表5-31

剩余租赁期	最低租赁付款额
1年以内(含1年)	
1年以上2年以内(含2年)	
2年以上3年以内(含3年)	
3年以上	
合　计	

(4)对于重大的经营租赁,经营租赁承租人的披露格式如表5-32所示。

表5-32

剩余租赁期	最低租赁付款额
1年以内(含1年)	
1年以上2年以内(含2年)	
2年以上3年以内(含3年)	

续表

剩余租赁期	最低租赁付款额
3年以上	
合　计	

(5)披露各售后租回交易以及售后租回合同中的重要条款。

26. 分部报告

(1)主要报告形式是业务分部的披露格式如表5-33所示。

表5-33

项　目	××业务		××业务		…	其他		抵销		合计	
	本期	上期	本期	上期	…	本期	上期	本期	上期	本期	上期
一、营业收入											
其中:对外交易收入											
分部间交易收入											
二、营业费用											
三、营业利润(亏损)											
四、资产总额											
五、负债总额											
六、补充信息											
1. 折旧和摊销费用											
2. 资本性支出											
3. 折旧和摊销以外的非现金费用											

注:主要报告形式是地区分部的,比照业务分部格式进行披露。

(2)在主要报告形式的基础上,对于次要报告形式,企业还应披露对外交易收入、分部资产总额。

思考题

1. 什么是所有者权益变动表?所有者权益变动表应包括哪些主要项目?
2. 什么是附注?附注有何作用?
3. 附注披露的基本要求有哪些?
4. 附注披露包括哪些主要内容?

第六章

财务报告的阅读与分析

第一节　财务报告分析概述

一、财务报告分析及其作用

企业财务会计报告(以下简称财务报告)是其使用者进行决策的重要信息,财务报告的使用者包括投资者、债权人、政府及其有关部门和社会公众等,也包括与企业存在着竞争、合作或具有并购和被并购、重组等潜在经济利益关系的各类企业、组织和个人。财务报告分析就是指企业财务报告的使用者利用财务报告和其他有关信息,对企业的财务状况、经营成果和现金流量情况及其产生的原因进行深入剖析和比较,以客观、科学地评价企业的经营状况和财务状况的一系列分析行为或过程。

财务报告分析最基本的功能就是将大量的报表数据转换成对特定使用者决策有用的信息,以减少决策的不确定性。不同的财务报告使用者进行财务报告分析的目的不同,从而财务报告分析发挥的具体作用也不同。但总的来说,财务报告分析的作用主要是用于评价过去、反映现在和预测未来。

(一)财务报告分析可以正确评价企业过去

正确评价过去,是说明现在和揭示未来的基础。财务报告分析通过对财务报表等资料的分析,能够准确地说明企业过去的业绩状况,指出企业的成绩和问题及其原因。这不仅对正确评价企业过去的经营业绩十分有益,而且能对企业投资者和债权人的行为产生正确的影响。

(二)财务报告分析可以全面反映企业现状

财务报告等资料是企业各项生产经营活动的综合反映,但其格式和提供的数据是根据会计的特点和管理的一般需要设计的,不能全面提供不同财务报告使用者所需要的各方面数据资料。财务报告分析可以根据不同分析主体的分析目的,采用不同的分析手段和方法,得出反映企业在各方面现状的指标,如企业的资产结构、权益结构、偿债能力、营运状况、盈利能力等指标。这种分析,对于全面反映和评价企业的现状有着重要作用。

(三)财务报告分析可以预测企业未来

财务报告分析不仅可用于评价过去和反映现状,更重要的是它可以通过对过去与现状的分析与评价,预测企业未来发展情况和趋势,为财务决策和财务预算提供依据。

二、财务报告分析的分类

财务报告分析按照不同的标志可以有不同的分类。常见的分类有：

(一)按照财务报告分析的内容分类

按照财务报告分析的内容不同,可以分为偿债能力分析、营运能力分析、盈利能力分析和发展能力分析。

偿债能力分析是指根据企业的资产、资产流动性与各种负债的数量关系来分析评价企业偿还各种债务的能力。偿债能力是企业债权人进行分析的重点,是债权人进行合理的信贷决策的主要依据。

营运能力分析是指根据企业的资产和资产所创造的收入(包括直接收入和间接收入)之间的数量关系,即各种资产的周转率来分析评价企业资产利用的有效性与充分性。营运能力是企业投资者、管理者和债权人在进行财务报告分析时都非常关心的财务指标,它对于判断企业财务的安全性和资产收益能力,作出正确的投资决策和经营决策都具有重要作用。

盈利能力分析是指根据企业的资产收入与企业利润之间的数量关系来分析评价企业在一定时期内获取利润的能力。财务报告使用者在任何情况下都会十分关注盈利能力,因为它对投资者进行投资决策、债权人衡量资金安全性、经营者改善经营管理、企业职工判断职业稳定性等都非常有用。

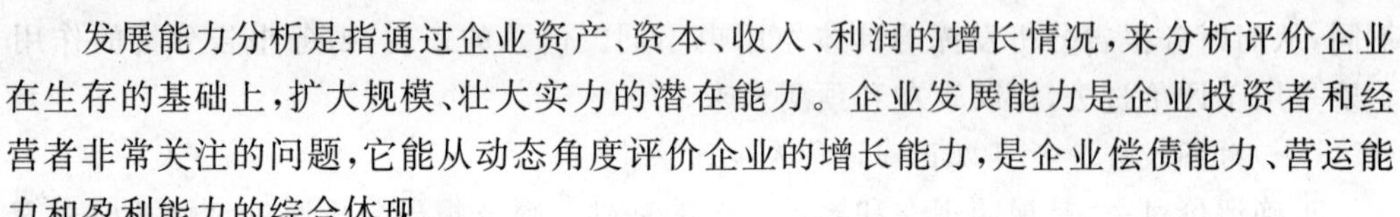

发展能力分析是指通过企业资产、资本、收入、利润的增长情况,来分析评价企业在生存的基础上,扩大规模、壮大实力的潜在能力。企业发展能力是企业投资者和经营者非常关注的问题,它能从动态角度评价企业的增长能力,是企业偿债能力、营运能力和盈利能力的综合体现。

(二)按照财务报告分析内容的范围分类

按照财务报告分析内容的范围不同,可以分为全面分析和专题分析。

全面分析是指对企业在一定时期生产经营各方面的情况进行系统、综合、全面的分析与评价,全面总结成绩和存在的问题,并分析其原因,为改善未来的生产经营管理提供依据,它对于全面了解企业经营活动情况,指导全局工作有着重要意义。全面分析通常在年终进行,形成全面、综合的财务分析报告。

专题分析是指根据分析主体或分析目的不同,对企业生产经营过程中某一方面的问题进行较深入的分析。专题分析能及时、深入地揭示企业在某一方面的财务或经营情况,为分析者提供详细的资料信息,对解决企业的关键问题或特殊问题有重要作用。

专题分析是全面分析的继续和深入，也可以根据企业日常经营中发现的问题或企业中心工作的要求随时进行。专题分析问题集中，针对性强，对改善经营管理能起到较大作用。

（三）按照财务报告分析主体相对于企业的地位分类

按照财务报告分析主体相对于企业的地位不同，可以分为外部分析和内部分析。

外部分析是企业外部的利益主体根据各自的需要对企业财务活动及其结果所进行的分析。主要侧重于对企业的偿债能力、盈利模式与发展趋势、资产运用效率、企业竞争优势、对社会的影响以及企业的综合实力等方面进行分析。

内部分析主要是企业经营者为制定政策、做出决策、实施管理等方面的需要而进行的分析。内部分析涉及的内容相对比较全面，除包含外部分析的一般内容外，还常常要结合企业特定时期的特定情况与信息，进行特定问题的分析。如筹资结构与筹资渠道分析、资金投向与资产结构分析、现金预算与利润分配政策分析、成本费用与经营绩效分析等。

三、财务报告分析的基本依据

财务报告分析的依据包括来自企业内部的信息资料和来自企业外部的信息资料。来自企业内部的信息资料主要包括企业的财务报告、财务计划和其他相关资料，上市公司的内部信息资料还包括招股说明书、上市公告书等。来自企业外部的信息资料主要包括注册会计师的审计报告、行业财务信息、其他中介机构的评估报告等。

（一）企业财务报告

企业财务报告是指企业对外提供的反映企业某一特定日期的财务状况和某一会计期间的经营成果、现金流量等会计信息的文件，包括财务报表及其附注和其他应当在财务会计报告中披露的相关信息和资料。它是进行财务报告分析的对象和基本依据。

（二）财务计划和财务预算

财务计划和财务预算是企业在进行预测和决策的基础上，对决策结果的两种表现形式。它们都是企业经营活动中努力争取实现的目标，是评价企业生产经营活动及其结果的主要标准。其中财务计划主要由财务部门编制并组织执行和控制，它是以货币形式表现的，综合反映企业未来财务活动希望实现的财务目标，是企业经营决策结果的货币化表现；而预算既可以是货币形式，也可以是实物等其他形式，它包括企业生产、销售、资本、财务等各方面的预算，是企业全方位的计划。

（三）注册会计师的审计报告、验资报告、资产评估报告

审计报告是注册会计师依据独立审计准则的要求，在对企业的财产、债权债务等实施了必要的审计报告程序后，根据审计结果对企业财务报告的公允性、一致性所出具的书面意见，具有一定的权威性和法定证明效力。验资报告和资产评估报告则是注册会计师或资产评估师对实际投入企业的资金或企业资产的实际价值进行鉴定评估

后出具的书面文件。在进行财务报告分析前阅读注册会计师的审计报告、验资报告和资产评估报告，对于了解企业实际情况，对企业作出正确判断与评价，有着十分重要的作用。

四、财务报告分析的一般方法

财务报告分析方法包括一般方法和技术方法两类。一般方法是从方法论层面对财务报告分析工作提出的要求，技术方法则是围绕财务报告进行定量和定性分析，确定财务指标变动结果及其合理性。

财务报告分析一般方法通常包括财务报告分析要求和财务报告分析程序两个方面。

(一)财务报告分析要求

在进行财务报告分析时，必须达到下列要求：

1. 实事求是

进行财务报告分析应从实际出发，坚持实事求是，反对主观臆断和"结论先行"，不搞数字游戏，不为达到某种目的而利用数据拼凑理由，一切结论均应产生于分析之后。

2. 全面分析

在进行财务报告分析时要全面看问题，坚持一分为二，要将各种财务指标有机地联系起来，同时将财务问题与非财务问题、有利因素与不利因素、主观因素与客观因素、经济问题与技术问题、外部问题与内部问题进行有机的结合，谨慎全面地得出结论。

3. 动态分析

要用发展的眼光看问题，对事物进行动态观察。在运动中看局部与全局的关系，寻找过去与未来的联系，分析事物的发展趋势，才能得出正确的结论。

4. 相关

财务报告分析总是有一定目的的，财务报告分析过程应该是"为有意义的问题寻找有意义的答案"的过程。企业财务指标应能满足各类报表使用者的共同需要，而不同财务报告使用者应从自身需求出发选择不同的财务指标进行分析。

(二)财务报告分析程序

财务报告分析一般依次按如下程序进行：

1. 确定分析对象和分析目标

不同的财务报告使用者进行财务报告分析有着不同的目的。因此，在进行财务报告分析时，首先必须确定分析对象和分析目标，弄清为什么要进行财务报告分析，要分析什么？只有明确财务报告分析对象和分析目标，才能正确地搜集整理信息资料，选择正确的方法，从而得出正确的结论。

2. 搜集整理分析信息

财务报告分析信息是进行财务报告分析的基础，信息搜集的及时性、完整性、准确

性，对分析结果有着直接影响。信息搜集需要平时不断积累，才能对企业工作逐步形成概念；对搜集积累的信息还要根据分析需要进行必要的去粗取精、去伪存真的整理工作，以筛选出能真实反映企业生产经营实际的资料。只有这样，才能得出正确的结论，提出切实可行的建议。

3.进行指标对比，分析差异原因

指标对比是对财务报告中反映的各项指标实际数进行各种形式、各个方面的比较，以确定其差异。在此基础上，财务报告分析者应进一步分析各种差异产生的具体原因，分清有利差异和不利差异、主观原因和客观原因、暂时现象和经常性现象，对企业的生产经营管理作出实事求是、全面正确的评价。

4.提出解决问题的措施

这是企业经营者进行财务报告分析的重要步骤，而对其他财务报告分析者通常没有这一项要求。企业经营者在分析财务指标差异和原因后，必须根据分析结果，认真总结经验教训，发扬成绩，克服缺点。要针对生产经营中存在的问题和薄弱环节，提出整改措施，挖掘潜力，改进工作，提高经营管理水平。同时必须抓好措施的落实、执行和检查，不断地发现、分析、解决实践中出现的新问题，使财务报告分析真正发挥其应有的作用。

5.撰写财务分析报告

财务分析报告是财务报告分析的最后步骤。财务报告分析者在完成分析后，必须对财务报告分析情况和结果进行总结，出具论据充分、叙述清楚、分析透彻的财务分析报告。财务分析报告可以为财务报告分析者和其他财务分析报告受益者提供决策依据，还可以作为历史信息，以供后来的财务报告分析者参考，保证财务报告分析的连续性。

五、财务报告分析的技术方法

进行财务报告分析，除了需要注意一般方法外，还必须正确运用财务报告分析的技术方法，主要包括比较分析法、因素分析法、比率分析法。

（一）比较分析法

比较分析法是将相关财务指标值或财务数据与所确定的比较标准进行对比，计算出数量差异，并分析差异产生的原因或此指标变动趋势的一种分析方法。比较分析法是财务报告分析中最基本的技术方法，其他所有技术方法都是以比较分析法为基础的。应用比较分析法通常需要下列三个步骤：

1.合理选择比较标准（基数）

采用不同的比较标准，得出的差异有不同的经济含义，比较标准的选择将直接影响财务报告分析的结果，因此要根据分析目的合理选择。常用的比较标准可以分为历史标准、同行业标准和预算标准三类。历史标准主要采用上期、上年同期或历史最好时期指标或数据。由于企业生产经营、财务管理活动的连续性、周期性特点，与上期、上年同期进行比较，可以反映出企业的发展趋势；而与历史最好时期比较，则可以反映企业尚可挖掘的潜力；同行业标准包括行业平均水平和行业最优水平，与其比较可以了解企业在整个行业中的竞争地位以及与先进企业的差距；预算标准包括各种预算、定额以及财务计划，与预算标准进行比较，可以反映企业预算、定额执行情况或财务计划的完成情况。

2.保证比较指标之间的可比性

使分析对象（待分析指标或数据）与作为比较标准的指标或数据在相同计算口径上，包括构成内容、计算方法、计算期间等方面应该一致。如有不同，应予以调整，剔除不可比因素后再进行比较。

3.揭示分析对象与比较标准的差异

在揭示差异时，既要揭示绝对数差异，也要揭示相对数差异。绝对数差异是指待分析指标或数据值与比较标准值之间的差额，它反映了指标之间的差异程度。相对数差异则是绝对数差异与比较标准值的比率，它反映了指标之间的差异幅度。两种差异的计算公式如下：

$$绝对数差异=待分析指标或数据值-比较标准值$$

$$相对数差异=\frac{绝对数差异}{比较标准值}\times 100\%$$

【例 6-1】 某企业去年销售收入 100 万元，今年销售收入 110 万元。以去年销售收入为比较标准，今年销售收入为分析对象，则今年销售收入与去年销售收入的变动差异为：

$$绝对数差异=110-100=+10\text{ 万元}$$

$$相对数差异=\frac{+10}{100}\times 100\%=+10\%$$

它表明今年比去年销售收入增加了 10 万元，增长 10%。

（二）因素分析法

因素分析法是在比较分析法的基础上，计算受多因素影响的指标差异中各个因素的影响方向和影响程度的一种财务报告分析方法。因素分析法的计算程序通常为：

(1)列出待分析财务指标与各因素之间的关系式，并用基数值（即比较标准值）代入。

(2)依次分别以各因素的实际值（即各因素待分析值）替代基数值，并计算出结果。

(3)将每次某因素被替换后的结果与该因素被替换前的结果进行比较，两者的差额即为该因素变动的影响值。

(4)将各因素影响值相加，其结果应该等于总指标的实际值与基数值的差额，即总差异，以此验证计算结果的正确性。

在运用因素分析法时，各因素的替代必须按一定顺序依次进行，否则会得出不同的结果。替代顺序一般为先数量因素后质量因素，如果存在多个数量因素或多个质量因素，则应按照先基础因素后派生因素、先主要因素后次要因素的顺序进行替代。

【例 6-1】 某企业去年和今年销售收入及其影响因素资料如表 6-1 所示，试分析各因素变动对销售收入的影响值。

表 6-1　销售收入影响因素分析资料

项目＼年份	去年	今年	差异
销售数量(件)	1 000	1 200	＋200
销售单价(元)	530	500	－30
销售收入(元)	530 000	600 000	＋70 000

应用因素分析法进行差异分析如下：

基数值　　$N_0=1\ 000\times530=530\ 000$

第 1 次替代　　$N_1=1\ 200\times530=636\ 000$　　(先替代销售数量，即数量因素)

第 2 次替代　　$N_2=1\ 200\times500=600\ 000$　　(后替代销售单价，即质量因素)

由于销售收入只受销售数量和销售单价两个因素影响，故只需替代两次。

$N_1-N_0=636\ 000-530\ 000=+106\ 000$

$N_2-N_1=600\ 000-636\ 000=-36\ 000$

合　计　　　　　　　＋70 000

即由于销售数量从 1 000 件增加到 1 200 件，使销售收入增加了 106 000 元，而销售单价从 530 元/件降为 500 元/件，使销售收入降低了 36 000 元，两者共同影响使销售收入增加了 70 000(106 000－36 000)元。

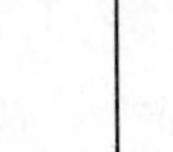

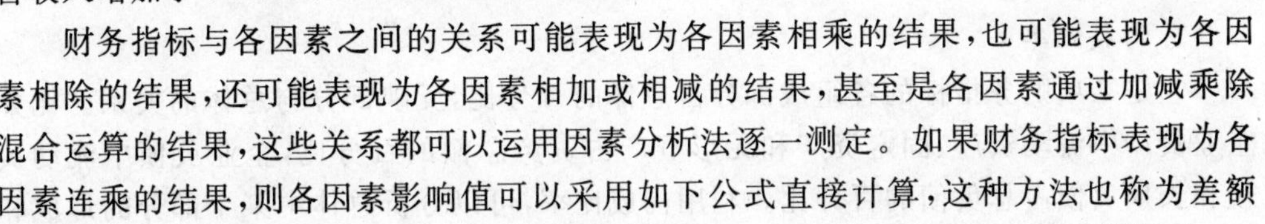

财务指标与各因素之间的关系可能表现为各因素相乘的结果，也可能表现为各因素相除的结果，还可能表现为各因素相加或相减的结果，甚至是各因素通过加减乘除混合运算的结果，这些关系都可以运用因素分析法逐一测定。如果财务指标表现为各因素连乘的结果，则各因素影响值可以采用如下公式直接计算，这种方法也称为差额分析法。可见，差额分析法是因素分析法的一种简化形式，其实质就是因素分析法。

$$V_{ai}=a_{11}\cdot a_{21}\cdots(a_{i1}-a_{io})\cdots a_{no}$$

式中 V_{ai} 为第 i 个因素变动的影响值，a_{i1} 为第 i 个因素的实际值，a_{io} 为第 i 个因素的基数值，$i=1,2,\cdots,n$，n 为影响因素个数。

仍以表 6-1 数据为例，用差额分析法计算销售数量和销售单价影响值如下：

销售数量变动影响值＝(1 200－1 000)×530＝＋106 000(元)

销售单价变动影响值＝1 200×(500－530)＝－36 000(元)

两者共同影响值＝106 000－36 000＝＋70 000(元)

如果财务指标表现为各因素相加减的结果，则可以直接先用该因素的变动值(实际值－基数值)，再考虑该因素对总指标的影响方向得出该影响因素变动对总指标的影响值。这种方法与依次连环替代的结果完全相同，也是因素分析法的一种简化形式。

【例 6-3】 某企业去年和今年销售毛利及影响因素资料如表 6-2 所示。

表 6-2 销售毛利影响因素分析资料

项目＼年份	去年	今年	差异
销售收入	200 000	230 000	＋30 000
销售成本	170 000	190 000	＋20 000
毛　利	30 000	40 000	＋10 000

由于毛利＝销售收入－销售成本，即毛利是销售收入和销售成本两个因素相减的结果，其中销售收入对毛利的影响是同方向的，而销售成本对毛利的影响是反方向的，根据表 6-2 资料可得：

销售收入变动对毛利的影响值＝＋(230 000－200 000)＝＋30 000(元)

销售成本变动对毛利的影响值＝－(190 000－170 000)＝－20 000(元)

两者共同影响值＝30 000－20 000＝＋10 000(元)

(三)比率分析法

比率分析法是将影响财务状况的两个相关因素联系起来，通过计算比率，反映它们之间的关系，借以评价企业财务状况和经营状况的一种分析方法。采用这种方法，可以把某些条件下的不可比指标变为可以比较的指标，以利于进行分析。比率指标主要有三种类型：

1. 构成比率

它是某项财务指标的各组成部分占总体的百分比，反映部分与总体的关系。比如企业资产中流动资产、固定资产和无形资产占资产总额的百分比，企业负债中流动负债和长期负债占总负债的百分比。利用构成比率，可以分析总体中某个部分的形成和安排是否合理。

2. 效率比率

它是某项财务活动中所费与所得的比较，反映投入产出关系。比如将企业利润项目与成本费用项目进行比较，可以计算出成本费用利润率；将销售收入与企业的流动资产进行比较，可以计算出流动资产周转率。利用效率比率，可以进行得失比较，考察经营成果，评价经济效益。

3. 相关比率

它是用某个项目和与其有关但又不同的项目进行对比所得的比率，反映有关经济活动的相互关系。比如将流动资产和流动负债对比计算流动比率，可以判断企业的短期偿债能力。利用相关比率，可以分析企业有联系的相关业务安排是否合理，以保障企业生产经营活动的顺利进行。

从广义上说，比率分析法也属于比较分析法，只不过两者选择的比较标准不同而已。所以应用比率分析法时，需要注意合理选择比较标准，注意对比项目的相关性，以计算出有意义的比率；也要注意对比口径的一致性，计算比率的子项和母项在计算时间、范围等方面要保持一致。

第二节　资产负债表的阅读与分析

一、资产负债表主要项目解读

资产负债表反映某一特定日期企业的资产、负债和所有者权益情况，从总体上反映了企业的资产实力和资产索偿权结构，负债表明企业债权人对企业资产的索偿权，所有者权益表明企业投资者对企业资产的索偿权，如果企业资不抵债，则债权人拥有优先索偿权。

通过资产负债表，可以反映企业某一日期资产的总额及其结构，表明企业拥有或控制的经济资源的种类及其分布情况，评价企业的资产质量；可以反映企业的负债总额及其结构，评价企业的短期偿债能力和长期偿债能力的高低；可以反映企业所有者所拥有的权益，了解企业投资者在企业资产中所占的份额，判断资本保值、增值的情况以及对负债的保障程度。通过资产负债表年初余额和期末余额的对比分析，还可以发现企业的财务变动趋势。此外，资产负债表还可以提供进行财务分析的基本资料，如将流动资产与流动负债进行比较，计算出流动比率；将速动资产与流动负债比较，计算出速动比率等，以表明企业的变现能力、偿债能力和资金周转能力，从而有助于报表使用者作出经济决策。

（一）资产项目

资产是由过去的交易、事项形成并由企业所拥有或控制的、预期会给企业带来经济利益的资源。资产负债表中的资产一般按流动性进行排列，流动性强的排列在前，流动性弱的排列在后。企业的资产按其流动性从总体上可以分为流动资产和非流动资产。

1. 流动资产项目

流动资产是指在一年或超过一年的一个营业周期内变现或耗用的资产。主要包括货币资金、交易性金融资产、应收票据、应收账款、存货等。

（1）货币资金。货币资金是企业生产经营活动中处于货币形态的资产，包括库存现金、银行结算户存款、银行本票存款、银行汇票存款、信用卡及信用证保证金存款、外埠存款以及存出投资款等。货币资金是企业生产经营正常进行的必要保证,货币资金过少,日常生产经营所需资金便会紧张,及时偿债能力就可能下降;但货币资金过多,又可能造成不必要的闲置,甚至出现安全方面的问题。企业货币资金持有量应根据其生产经营规模、特点、经营周期和业务收支情况等因素确定。

(2)交易性金融资产。交易性金融资产是企业为交易目的而持有的债券、股票、基金等金融资产。资产负债表中列示的交易性金融资产按公允价值进行计价,公允价值与之前的账面价值差额计入公允价值变动损益。

(3)应收票据。应收票据是企业由于销售商品或提供劳务等行为而获得的商业汇票所附着的债权。根据承兑人的不同,商业汇票可以分为商业承兑汇票和银行承兑汇票。商业承兑汇票由付款方承诺到期无条件支付票款,但如果付款人到期无款支付,也仍有无法收回款项的可能。银行承兑汇票由银行承诺到期无条件支付票款,一般不存在到期无法收回的情况。所以从资产质量看,银行承兑汇票资产质量优于商业承兑汇票。

(4)应收账款。应收账款是企业因销售商品或提供劳务所形成的债权。应收账款作为商业信用的衍生物,在促进销售的同时,也包含出现坏账的潜在风险。应收账款越多,出现坏账的可能性也越大,为此,现行制度规定应该计提坏账准备。资产负债表中列示的应收账款是账面应收账款金额减去计提的坏账准备后的差额。

(5)存货。存货是指企业日常生产经营活动中持有的以备出售的产成品或商品、处在生产过程中的在产品、在生产过程或提供劳务过程中耗用的材料或物料等。存货入账和初始计量基础为历史成本(实际成本),由此决定了购入存货的入账价值应该包括买价、价内税和运杂费等,自行生产或委托加工存货的入账成本为生产加工时所耗用的料、工、费之和。由于企业取得存货的时间、地点、批次、来源与方式不同,同一种存货的单位入账成本也各不相等,这就造成了在使用和发出存货时,采用不同的发出存货计价方法所计算出的成本费用和留存存货的金额也可能不同,从而为企业粉饰财务报告提供了可能。在阅读资产负债表存货项目时,必须予以注意。发出存货计价方法只是影响资产负债表存货项目金额的一个因素,资产负债表日存货还必须按照成本与可变现净值孰低法计量,存货成本高于可变现净值的,应当计提存货跌价准备。所以,资产负债表日列示的存货是存货期末成本减去存货跌价准备后的差额。

2. 非流动资产项目

非流动资产是指除流动资产以外的资产,主要包括长期股权投资、固定资产、在建工程、无形资产等。

(1)长期股权投资。长期股权投资包括企业持有的对其子公司、合营企业及联营企业的权益性投资以及企业持有的对被投资单位不具有控制、共同控制或重大影响,且在活跃市场中没有报价、公允价值不能可靠计量的权益性投资。长期股权投资的初始成本一般以投资时支付的全部价款或放弃非现金资产的账面价值,以及支付的与取得该投资直接相关的费用、税金及其他必要支出，但不包括为此而发生的审计、评估、咨询等费用，也不包括实际支付的价款中已宣告而尚未发放的现金股利。而在长期股权投资持有期间被投资单位的所有者权益因实现利润或发生亏损、分配股利等各种原因发生变动的，应根据情况采用成本法或权益法进行核算，成本法下长期股权投资按成本计价，权益法下长期股权投资要根据投资企业享有被投资单位所有者权益份额变动对投资的账面价值进行调整。两者差异较大，在阅读时必须予以注意。

(2)固定资产。固定资产是企业为生产商品、提供劳务、出租或经营管理而持有的，使用寿命超过一个会计年度的有形资产。包括房屋建筑、机器设备、运输工具、机械器具等。固定资产的价值随着使用会不断减少，这部分损耗的价值称之为折旧。固定资产实际资产价值应该是固定资产初始价值(原值)减去累计折旧后的差额。固定资产折旧计算可以采用平均年限法、工作量法、双倍余额递减法、年数总和法等。不同的折旧方法下，前后各期的折旧金额也不相同，双倍余额递减法、年数总和法属于快速折旧法，在固定资产使用前期要多提折旧，然后逐年递减；而平均年限法和工作量法则在固定资产使用寿命内折旧额较为均衡。此外，如果固定资产期末可收回金额低于其账面价值，还应计提固定资产减值准备。资产负债表中列示的固定资产是固定资产原值减去累计折旧和固定资产减值准备后的余额。

(3)无形资产。无形资产是企业拥有或控制的没有实物形态的可辨认非货币性资产。主要包括专利权、非专利技术、商标权、著作权、土地使用权、特许权等。无形资产能够为企业带来经济利益，但这种利益是在与其他有形资产相结合时才能发挥作用，具有一定的不确定性。同时，专利权、非专利技术等很容易因为科学技术的进步而随时减少或丧失价值，因此资产负债表中的无形资产项目仅仅反映了其目前的账面价值，并不能代表企业目前或将来的可利用价值或市场价值。无形资产也要按照一定方法进行摊销，如果无形资产未来创造的经济利益不足以补偿无形资产的摊余成本，则必须计提减值准备。资产负债表中列示的无形资产是其账面摊余成本减去减值准备后的差额。

(二)负债项目

负债是企业由于过去的交易或者事项形成的、预期会导致经济利益流出企业的现时义务。负债按其流动性可以分为流动负债和长期负债，资产负债表一般也按其流动性进行排列，流动负债在前，长期负债在后。

1.流动负债

流动负债是指主要为交易目的而持有的预计在一年以内或超过一年的一个营业周期内应予以清偿的负债。主要包括短期借款、交易性金融负债、应付票据、应付账款、应付职工薪酬、应交税费、应付利息、应付股利、一年内到期的非流动负债等。

(1)短期借款。短期借款是企业向银行或其他非银行金融机构借入的期限在一年以内的借款，如生产周转借款、临时借款、结算借款等。短期借款的发生通常是为了缓解生产经营过程中短期的资金紧张状况，其利息一般作为财务费用计入当期损益。资产负债表中列示的短期借款只表示企业截止会计期末尚未偿还的短期借款本金数额。

(2)应付票据。应付票据是企业在赊购交易中签发并承诺到期无条件支付票款的商业汇票形成的负债。我国商业汇票分带息和不带息两种，付款期最长不得超过6个月。不带息商业汇票按票面价值记账，带息商业汇票按面值作为初始入账价值，在随后的各会计期间应对已经产生但尚未支付的票据利息在计入财务费用的同时，相应增加应付票据的账面金额。资产负债表中列示的应付票据表示期末企业尚未到期支付的应付商业汇票的本息之和。

(3)应付账款。应付账款是企业由于购买商品、接受劳务而产生的应付未付的款项。企业一般按照赊购时的实际应付金额入账，但在对方提供现金折扣的条件下，企业可能会选择提前付款以获取现金折扣，这种折扣可以冲抵当期财务费用；而如果企业在超过折扣期后付款就必须全额支付。

(4)应付职工薪酬。应付职工薪酬是企业为获得职工提供的服务而应付未付给职工的各种形式的报酬及其他相关支出。其中职工是指与企业订立劳动合同的所有人员，含全职、兼职和临时职工，以及虽未与企业订立正式劳动合同或未由其正式任命，但为企业提供与职工类似服务的人员，如劳务用工合同人员等。应付职工薪酬的内容主要包括职工的工资、奖金、津贴和补贴，职工福利费，医疗、养老、失业、工伤、生育等社会保险费，住房公积金、工会经费和职工教育经费、非货币性福利以及其他职工薪酬。

(5)应交税费。应交税费是指企业按照税法等规定应该交纳而尚未交纳的各种税费。包括增值税、消费税、营业税、资源税、城建税、教育费附加、所得税、房产税、土地使用税以及代扣代缴的个人所得税等，不包括按规定一次性计算并缴纳的印花税、耕地占用税等。各种税费的计算和实际缴纳时间常不一致，大多数税费是先计算后缴纳。这样在已经计算但尚未缴纳的时间里，应交税费账户就会留有一定余额。资产负债表中列示的应交税费就是企业已经确认为相关成本费用但尚未缴纳的税费金额。如果这一项目金额为负数，则表示企业多交或可以按规定抵扣而尚未抵扣的税费金额。

2.非流动负债

非流动负债是指偿还期限在一年以上的债务，对于自资产负债表日起一年内到期的负债，企业预计能够自主地将清偿义务展期至资产负债表日一年以上的，也应归为非流动负债。非流动负债无须在下一年或下一个营业周期等较短的时间内偿还，是企业长期资金来源的重要组成部分。非流动负债包括长期借款、应付债券、长期应付款、专项应付款、预计负债、递延所得税负债等。

(1)长期借款。长期借款是指企业向银行或其他金融机构借入的期限在一年以上(不含一年)的各种借款，一般用于固定资产购建、改扩建、大修理、对外投资以及为了日常经营活动对流动资金的正常需要等。长期借款的利息费用要根据情况确定其予以资本化或是计入财务费用,同时按照利息支付方式确定是否增加相应的长期借款的账面金额,对于到期一次还本付息的借款利息等应该增加长期借款金额,而对于分期支付的长期借款利息则不能增加长期借款金额。资产负债表中列示的长期借款表示企业已经借入但尚未归还和支付的长期借款的本息之和。

(2)应付债券。应付债券是企业为筹集长期资金而发行的债券。其发行方式有三种,即面值发行、溢价发行、折价发行。对于溢价和折价发行的债券,其实际收到的价款与票面价值的差额应计入应付债券——利息调整账户,并在债券存续期内予以摊销。对于一次还本付息的债券,每期还应按票面利率计算应付未付的利息。所以资产负债表中列示的应付债券包括企业发行的应付债券的面值、已经产生但尚未支付的利息、尚未摊销的溢折价三个部分。

(三)所有者权益项目

所有者权益是指企业所有者在企业资产中享有的经济利益,它是企业全部资产偿还全部负债后的余额,包括投入资本和留存收益两部分。

1.投入资本

投入资本是指企业所有者实际投入企业的资本,包括实收资本和资本公积。

(1)实收资本。实收资本是由投资者投入企业的构成企业注册资本的那部分投入资本。我国法律规定了企业注册资本的最低限额,其中有限责任公司注册资本最低限额为人民币3万元,股份有限公司注册资本最低限额为人民币500万元。有限责任公司全体股东的首次出资额不得低于注册资本的20%,也不得低于法定的注册资本最低限额,其余部分由股东自公司成立之日起两年内缴足;其中,投资公司可以在五年内缴足。股东可以用货币出资,也可以用实物、知识产权、土地使用权等可以用货币估价并可以依法转让的非货币财产作价出资。全体股东的货币出资金额不得低于有限责任公司注册资本的30%。企业在正常的生产经营活动中一般应保持实收资本的相对稳定,投资者除依法转让其所持股份外,不得随意抽回投资。确有必要增减的,也必须经过股东大会或其他相关决策机构的认可,在不违反有关法律法规的前提下,通过必要的程序实施。实收资本的构成比例是确定所有者在企业所有者权益中所占份额和参与经营决策权的基础,也是进行利润分配的依据。

(2)资本公积。资本公积是企业收到投资者出资额超出其在企业注册资本或股本中所占份额的部分,即资本溢价(股本溢价)。此外,资本公积还包括直接计入所有者权益的利得和损失等。资本溢价的原因有溢价发行股票、投资者超额缴入资本等;直接计入所有者权益的利得和损失是指不应当计入当期损益,会导致所有者权益发生变动,与所有者投入资本或向所有者分配利润无关的利得或者损失。资本公积是企业的准资本,其主要用途就是在一定条件下按照法定程序转增资本。

2.留存收益

留存收益是指企业实现的净利润中尚未以股利形式分配给投资者的那部分所有者权益,包括盈余公积和未分配利润。企业实现的税后利润在弥补以前年度亏损后,应当提取利润的百分之十列入公司法定公积金。公司法定公积金累积金额达到公司注册资本的50%以上的,可以不再提取。公司从税后利润中提取法定公积金后,经股东会或者股东大会决议,还可以从税后利润中提取任意公积金。企业提取的法定公积金和任意公积金在没有转为其他用途前就是企业的盈余公积。企业实现的利润在弥补亏损、提取法定公积金和任意公积后剩余的部分才可以向投资者进行分配,如果企业将利润不全部分配给投资者,而是留待以后年度进行分配,就是未分配利润。资产负债表中的未分配利润就是指企业以前各期至本期期末累积结存的尚未分配的净利润。如果该项目为负值,则表示各年累积的尚未弥补的亏损。

二、资产负债表结构分析

资产负债表结构是指构成资产负债表中的资产、负债和所有者权益三大会计要素之间以及这三大要素所包含的内容之间的相互比例关系。资产负债表的结构分析就是通过对资产负债表各项目之间的依存关系,以及各项目在总体中所占比重进行对比分析,从而进一步了解企业资产负债表中反映的财务状况。资产负债表结构分析包括总体结构分析、资产结构分析、负债结构分析和所有者权益结构分析。

(一)总体结构分析

总体结构分析主要是分析资产与权益的对应关系。这种对应关系有四种结构:一是企业不存在流动负债,全部资产都依靠长期负债和所有者权益这两种长期资金来满足,这种结构风险极低,但资金成本高。二是企业长期资产的资金需要由长期资金解决,流动资产的资金需要由长期资金和流动资金共同解决,这种结构足以使企业保持相当优异的财务信誉,风险较小;它还可以通过调整流动负债和长期负债的比例,降低资金成本,资产结构和资本结构都较有弹性,是一种普遍推崇采用的结构。三是流动负债满足的是流动资产的资金需要,长期负债和所有者权益满足的是长期资产的资金需要。这种结构下企业资产风险与筹资风险对称,负债政策要根据资产结构变化进行调整,资产结构制约着负债成本。四是流动负债不仅要满足流动资产的资金需要,而且要满足部分长期资产的需要,这种结构财务风险较大,但资金成本是最低的。

(二)资产结构分析

资产结构分析是通过计算各类资产在企业总资产中所占的比重,来分析企业资源配置结构是否合理。其中特别值得重视的几个资产结构有:

1.货币资金比重

这个比重反映了企业的即时支付能力,该比重过低会影响企业日常经营和正常支付,比重过高又会造成资金闲置,影响盈利能力,企业应视情况确定合理的货币资金持有水平。

2.速动资产比重

速动资产是指企业流动资产中可以迅速变现为货币资金的资产，包括货币资金、应收票据、应收账款、交易性金融资产等。速动资产比重以30%左右较为理想，当然这个标准也要根据行业特点和经营规模情况而有所不同。

3.存货比重

存货是流动资产中流动性较差，变现能力较弱的一项资产。适量的存货能保证生产经营的正常进行，但如果存货资金占用过多，造成积压，势必影响企业资金周转速度和盈余能力。

4.生产经营用资产比重

企业全部资产可分为生产经营用资产和非生产经营用资产，生产经营用资产比重越大，则资产使用效果就越好。企业应该提高生产经营用固定资产的比重。

5.无形资产比重

包括无形资产在内的企业软资源在企业的生存和发展中发挥的作用越来越大，相对价值也不断上升，企业必须善于培育和合理配置无形资产。借助无形资产比重指标，可以观察企业知识化和高新技术化程度，也可以分析企业持续发展的潜力及综合竞争力的强弱。

6.长期股权投资比重

长期股权投资是企业分散风险，进行资本经营，实现规模升级的重要途径。长期投资比重上升，通常有利于提升企业盈利能力和未来发展。

(三)负债结构分析

负债结构分析主要是通过负债期限结构和负债方式结构来分析企业负债在构成上是否合理。

1.负债期限结构分析

负债期限结构是指流动负债和长期负债在全部负债中所占的比重。如果流动负债比重高，表明短期偿债压力和财务风险较大。一个资本结构优化的企业，不仅应当保持适度的负债规模和负债经营水平，也应当保持流动负债和长期负债结构的合理性。

2.负债方式结构分析

负债方式是指企业全部负债中，银行借款、应付债券、商业信用等各种方式的负债所占的比重。通常而言，负债方式越分散，负债经营的风险就越小，合适的负债方式不仅可以降低企业经营风险，还可以降低负债成本。因此企业对外举债的渠道不能太单一，采用多元化举债是一个基本策略。

(四)所有者权益结构分析

所有者权益结构分析，一般是指通过计算投入资本和留存收益在全部所有者权益中所占的比重，来分析企业投入资本是否充足，评价企业的盈利能力和利润分配政策。但这种粗线条分析往往不能满足财务报告使用者的需要，实际分析中通常还要结合其他资料，计算各类甚至各个投资者实收资本占全部实收资本的比重，以观察其产权结构的集中化程度和企业治理结构的有效性。

【例 6-4】 ABC 公司××年资产负债表资料如表 6-3 所示，根据表 6-3 编制资产负债表结构分析如表 6-4 所示。

表 6-3 资产负债表

会企 01 表

编制单位：ABC 公司　　　　××年 12 月 31 日　　　　单位：元

资　产	期末余额	年初余额	负债和所有者权益（或股东权益）	期末余额	年初余额
流动资产：			流动负债：		
货币资金	10 201 122	14 063 000	短期借款	500 000	3 000 000
交易性金融资产	1 050 000	150 000	交易性金融负债		
应收票据	410 000	2 460 000	应付票据	1 000 000	2 000 000
应收账款	6 982 000	3 991 000	应付账款	9 548 000	9 548 000
预付款项	1 000 000	1 000 000	预收款项		
应收利息			应付职工薪酬	1 800 000	1 100 000
应收股利			应交税费	1 019 740	366 000
其他应收款	3 050 000	3 050 000	应付利息	100 000	
存货	25 827 000	25 800 000	应付股利		
一年内到期的非流动资产			其他应付款	500 000	500 000
其他流动资产			一年内到期的非流动负债		
流动资产合计	48 520 122	50 514 000	其他流动负债	10 000 000	10 000 000
非流动资产：			流动负债合计	24 467 740	26 514 000
可供出售金融资产			非流动负债：		
持有至到期投资			长期借款	6 000 000	6 000 000
长期应收款			应付债券		
长期股权投资	2 500 000	2 500 000	长期应付款		
投资性房地产			专项应付款		
固定资产	19 010 000	8 000 000	预计负债		
在建工程	5 280 000	15 000 000	递延所得税负债		

续表

资　产	期末余额	年初余额	负债和所有者权益（或股东权益）	期末余额	年初余额
工程物资	1 500 000		其他非流动负债		
固定资产清理			非流动负债合计	6 000 000	6 000 000
生产性生物资产			负债合计	30 467 740	32 514 000
油气资产			所有者权益（或股东权益）		
无形资产	5 400 000	6 000 000	实收资本（或股本）	50 000 000	50 000 000
开发支出			资本公积		
商誉			减:库存股		
长期待摊费用			盈余公积	1 234 138	1 000 000
递延所得税资产	99 000		未分配利润	2 607 244	500 000
其他非流动资产	2 000 000	2 000 000	所有者权益（或股东权益）合计	53 841 382	51 500 000
非流动资产合计	35 789 000	33 500 000			
资产总计	84 309 122	84 014 000	负债和所有者权益（或股东权益）总计	84 309 122	84 014 000

表 6-4　资产负债表结构分析表

资　产	期末余额	期末比重(%)	负债和所有者权益（或股东权益）	期末余额	期末比重(%)	占总负债或所有者权益比重(%)*
流动资产：			流动负债：			
货币资金	10 201 122	12.10	短期借款	500 000	0.59	1.64
交易性金融资产	1 050 000	1.24	交易性金融负债			
应收票据	410 000	0.49	应付票据	1 000 000	1.19	3.28
应收账款	6 982 000	8.28	应付账款	9 548 000	11.32	31.34
预付款项	1 000 000	1.19	预收款项			
应收利息			应付职工薪酬	1 800 000	2.14	5.91
应收股利			应交税费	1 019 740	1.21	3.35
其他应收款	3 050 000	3.62	应付利息	100 000	0.12	0.33
存货	25 827 000	30.63	应付股利			

续表

资　产	期末余额	期末比重(%)	负债和所有者权益(或股东权益)	期末余额	期末比重(%)	占总负债或所有者权益比重(%)*
一年内到期的非流动资产			其他应付款	500 000	0.59	1.64
其他流动资产			一年内到期的非流动负债			
流动资产合计	48 520 122	57.55	其他流动负债	10 000 000	11.86	32.82
非流动资产:			流动负债合计	24 467 740	29.02	80.31
可供出售金融资产			非流动负债:			
持有至到期投资			长期借款	6 000 000	7.12	19.69
长期应收款			应付债券			
长期股权投资	2 500 000	2.97	长期应付款			
投资性房地产			专项应付款			
固定资产	19 010 000	22.55	预计负债			
在建工程	5 280 000	6.26	递延所得税负债			
工程物资	1 500 000	1.78	其他非流动负债			
固定资产清理			非流动负债合计	6 000 000	7.12	19.69
生产性生物资产			负债合计	30 467 740	36.14	100
油气资产			所有者权益(或股东权益)			
无形资产	5 400 000	6.40	实收资本(或股本)	50 000 000	59.31	92.87
开发支出			资本公积			
商誉			减:库存股			
长期待摊费用			盈余公积	1 234 138	1.46	2.29
递延所得税资产	99 000	0.12	未分配利润	2 607 244	3.09	4.84
其他非流动资产	2 000 000	2.37	所有者权益(或股东权益)合计	53 841 382	63.86	100
非流动资产合计	35 789 000	42.45				
资产总计	84 309 122	100	负债和所有者权益(或股东权益)总计	84 309 122	100	

*注:本栏目中各负债项目计算该负债项目占总负债%,各所有者权益项目计算该所有者权益项目占全部所有者权益%。

从表 6-4 可以看出，ABC 公司流动资产占 57.55%，非流动资产占 42.45%，流动负债占 29.02%，非流动负债占 7.12%，所有者权益占 63.86%。即长期资金来源占 70.98%(7.12%+63.86%)，大于长期资产比重 42.45%，表明该公司的全部长期资产资金需要均由长期资金解决，而且相当一部分流动资产[57.55%－(70.98%－42.45%)=29.02%]也由长期资金解决，财务状况总体良好。

从资产结构看，该公司流动资产占 57.55%，其中主要是存货，占 30.63%，应收账款占 8.28%，货币资金占 12.1%；该公司非流动资产占 42.45%，其中主要是固定资产占 22.55%，在建工程占 6.26%，无形资产占 6.40%。表明该企业的资产结构基本正常，但是否合理或趋向合理，还应结合企业实际情况和前期资料才能作出评价。

从负债结构看，该公司流动负债占全部负债的比重为 80.31%(24 467 740÷30 467 740×100%)，其中应付账款占全部负债比重达 31.34%，而企业长期负债占全部负债的比重只有 19.69%。表面上看，该公司负债结构有短期化现象。但结合企业全部资金来源结构看，所有者权益占有绝对比重，所以不需更多的长期负债，而且流动负债中无资金成本的应付账款比重较大，所以负债的总体成本较低。

再从所有者权益结构来看，实收资本占绝大部分，达 92.87%，盈余公积和未分配利润分别为 2.29%和 4.84%，表明企业资金主要来源于投资者投入的资本，但资本公积为零，盈余公积低于未分配利润，很可能是该公司营业不久，或刚从亏损转入盈利阶段，从盈利中留存积累的资金较少。

三、资产负债表变动情况分析

资产负债表变动情况分析通常采用水平分析法，即将前后两期资产负债表所提供的资产、负债和所有者权益加以比较，计算出差异额和差异率，以反映资产负债和所有者权益的增减变动情况。资产负债表各项目随着企业生产经营活动的进行，处于频繁变化之中，通过资产负债表变动情况分析，可以了解企业资产和权益变动情况及其原因，进而说明这种变动是否合理。资产负债表变动情况分析包括总体变动情况分析和具体项目变动情况分析。这里只介绍总体变动情况分析。

资产负债表总体变动情况分析是从总体上概括资产、负债和所有者权益的增减变动情况，并揭示其变动原因。资产负债表变动的原因概括起来可以归纳为以下四种类型：①负债变动型。这是指在其他权益项目不变时，由于负债变动引起资产发生相应变动。②追加投资变动型。这是指在其他权益项目不变时，由于投资人追加投资或收回投资引起资产发生相应变动。③经营变动型。这是指企业在投入资本和负债不变的情况下，由于经营活动形成盈利或亏损，相应地引起资产变动。④股利分配变动型。这是指企业由于进行了股利分配而引起了资产的相应变动。实际工作中，很难有一个企业的资产负债表变动与这四种类型之一完全相符，但任何一个企业的资产负债表变动，都可以通过这四种类型的组合来说明。

【例 6-5】 根据表 6-3 资料，编制资产负债表变动情况分析表如表 6-5 所示。

从表中可以看出，ABC 公司资产或权益总计比上年增加了 295，122 元，增长 0.35%。从资产方来看，主要是由于固定资产增加了 11 010 000 元，增长 137.63%，使总资产增长了 13.1%，应收账款增加了 2 991 000 元，增长 74.94%，使总资产增加了 3.56%，两者合计使总资产增加 16.66%；而在建工程则减少了 9 720 000 元，减少 64.8%，使总资产减少了 11.57%，货币资金减少 3 861 878 元，减少了 27.46%，使总资产减少 4.6%，应收票据减少了 2 050 000 元，减少 83.33%，使总资产减少了 2.44%；再加上交易性金融资产、存货、无形资产的变动，使总资产增长了 0.35%。对 ABC 公司资产变动分析还可以看到，交易性金融资产变动尽管对资产总额影响不大，但其自身的变动幅度达到 600%，表明该公司可能有意涉足证券市场进行短期投资；应收票据下降而应收账款增加，很可能是企业面对激烈的市场竞争放宽了结算方式要求以促进销售；固定资产大幅增加而在建工程大幅下降，可能是在建工程今年陆续竣工交付使用。

从权益方面看，增加的项目主要是未分配利润，本期比上期增加了 2 107 244 元，增长 421.45%，使总权益增长了 2.51%，此外盈余公积、应付职工薪酬、应交税费、应付利息也对总权益增长起了一些作用。需要注意的是，应交税费和应付职工薪酬尽管总额增加不多，但增幅分别达到 178.62% 和 63.64%，要进一步查明原因，弄清是否有拖欠工资、拖欠税款等情况。减少的权益项目主要有短期借款减少了 2 500 000 元，减少 83.33%，使总权益减少 2.98%；应付票据减少了 1 000 000 元，减少 50%，使总权益减少 1.19%，而长期负债、实收资本等未变。所以，该公司资产变动主要是由于负债（流动负债）变动和经营实现盈利所致。

四、资产负债表比率分析

资产负债表内部有关项目数据之间，资产负债表数据与其他报表数据之间存在着许多内在联系，资产负债表比率分析就是通过计算这些有内在联系的数据或指标之间的比率关系，来分析评价企业财务状况和经营活动情况的。资产负债表比率一般可分为反映短期偿债能力的比率、反映长期偿债能力的比率、反映营运能力的比率三类。相应地，资产负债表比率分析也可以分为短期偿债能力分析、长期偿债能力分析和营运能力分析。

（一）短期偿债能力分析

短期偿债能力是指企业偿付一年内到期的流动负债的能力。利用资产负债表可以计算反映企业短期偿债能力的比率，主要有流动比率和速动比率。

表 6-5　资产负债表变动情况分析表

资　产	上年数	本年数	增减金额	增减%	对总资产变动影响%	负债和所有者权益（或股东权益）	上年数	本年数	增减金额	增减%	对总权益影响%
流动资产：						流动负债：					
货币资金	14 063 000	10 201 122	−3 861 878	−27.46	−4.6	短期借款	3 000 000	500 000	−2 500 000	−83.33	−2.98
交易性金融资产	150 000	1 050 000	900 000	600	1.07	交易性金融负债					
应收票据	2 460 000	410 000	−2 050 000	−83.33	−2.44	应付票据	2 000 000	1 000 000	−1 000 000	−50	−1.19
应收账款	3 991 000	6 982 000	2 991 000	74.94	3.56	应付账款	9 548 000	9 548 000	0	0	0
预付款项	1 000 000	1 000 000	0	0	0	预收款项					
应收利息						应付职工薪酬	1 100 000	1 800 000	700 000	63.64	0.83
应收股利						应交税费	366 000	1 019 740	653 740	178.62	0.78
其他应收款	3 050 000	3 050 000	0	0	0	应付利息		100 000	100 000	*	0.12
存货	25 800 000	25 827 000	27 000	0.1	0.03	应付股利					
一年内到期的非流动资产						其他应付款	500 000	500 000	0	0	0
其他流动资产						一年内到期的非流动负债					
流动资产合计	50 514 000	48 520 122	−1 993 878	−3.95	−2.37	其他流动负债	10 000 000	10 000 000	0	0	0
非流动资产：						流动负债合计	26 514 000	24 467 740	−2 046 260	−7.72	−2.44
可供出售金融资产						非流动负债：					
持有至到期投资						长期借款	6 000 000	6 000 000	0	0	0
长期应收款						应付债券					
长期股权投资	2 500 000	2 500 000	0	0	0	长期应付款					
投资性房地产						专项应付款					

续表

资产	上年数	本年数	增减金额	增减%	对总资产变动影响%	负债和所有者权益（或股东权益）	上年数	本年数	增减金额	增减%	对总权益影响%
固定资产	8 000 000	19 010 000	11 010 000	137.63	13.1	预计负债					
在建工程	15 000 000	5 280 000	−9 720 000	−64.8	−11.57	递延所得税负债					
工程物资		1 500 000	1 500 000	*	1.79	其他非流动负债					
固定资产清理						非流动负债合计	6 000 000	6 000 000	0	0	0
生产性生物资产						负债合计	32 514 000	30 467 740	−2 046 260	−6.29	−2.44
油气资产						所有者权益（或股东权益）					
无形资产	6 000 000	5 400 000	−600 000	−10	−0.71	实收资本（或股本）	50 000 000	50 000 000	0	0	0
开发支出						资本公积					
商誉						减:库存股					
长期待摊费用						盈余公积	1 000 000	1 234 138	234 138	23.41	0.28
递延所得税资产		99 000	99 000	*	0.12	未分配利润	500 000	2 607 244	2 107 244	421.45	2.51
其他非流动资产	2 000 000	2 000 000	0	0	0	所有者权益（或股东权益）合计	51 500 000	53 841 382	2 341 382	4.55	2.79
非流动资产合计	33 500 000	35 789 000	2 289 000	6.83	2.72						
资产总计	84 014 000	84 309 122	295 122	0.35	0.35	负债和所有者权益（或股东权益）总计	84 014 000	84 309 122	295 122	0.35	0.35

* 注:由于应付利息、工程物资、递延所得税资产年初数为0,无法计算增减%。

1. 流动比率

流动比率是企业流动资产与流动负债的比值，它是衡量企业短期偿债能力的核心比率，反映了每元流动负债有多少元的流动资产作为物质保障。流动比率越高，表明企业短期偿债能力越强，短期债权人利益的安全性也越高。流动比率的计算公式如下：

$$流动比率=\frac{流动资产余额}{流动负债余额}$$

流动比率指标易于理解，计算简单，数据易于获取。但该指标本身也存在一定的局限性。流动比率是一个静态指标，只能反映某一时点的企业短期偿债能力，无法反映流动资产和流动负债的流动变化情况，不能反映一年内需要偿还多少流动负债，以及可获得多少可供偿债的资金。流动资产中流动性较差的存货、预付账款等能否迅速、足额地变现也有待确定，因此必须结合对这些资产的流动性分析，以弥补流动比率对偿债能力衡量的不足。

2. 速动比率

速动比率是速动资产与流动负债的比值。所谓速动资产是指流动资产中可以迅速变现的那部分资产，包括货币资金、交易性金融资产以及应收票据、应收账款、应收利息、应收股利、其他应收款等应收款项。或者说，速动资产是流动资产剔除变现能力较差的存货、预付款项、一年内到期的非流动资产和其他流动资产后的余额。速动比率越高，表明企业短期偿债能力越强。由于剔除了存货等变现能力较弱且不稳定的资产，速动比率比流动比率能更准确、更可靠地评价企业资产的流动性及偿还短期债务的能力，速动比率的计算公式如下：

$$速动比率=\frac{速动资产余额}{流动负债余额}$$

速动资产＝货币资金＋交易性金融资产＋应收款项

或者：

速动资产＝流动资产－存货－预付款项－一年内到期的非流动资产
－其他流动资产

(二)长期偿债能力分析

长期偿债能力是指企业偿还长期债务的能力，或者说偿还所有债务的能力。因为企业的债务包括流动负债和长期负债，一般是先偿还流动负债再偿还长期负债。资本结构和盈利能力是影响企业长期偿债能力的两个基本因素。实务中通常利用资产负债表和利润表来分析评价企业的长期偿债能力，利用资产负债表分析长期偿债能力的指标主要有资产负债率、产权比率、权益乘数等。

1. 资产负债率

资产负债率是指负债总额与资产总额(或资本总额)之间的比值，也称债务比率。

资产负债率反映企业资产总额中有多大比例是通过负债方式筹资的，即举债经营程度。它可用于衡量利用债权人资金进行财务活动的能力，也可反映企业在清算时对于债权人利益的保障程度。资产负债率越高，表明企业债权人提供的资金占企业资产总额的比重越大，相反企业偿债能力就越弱。资产负债率的计算公式为：

$$资产负债率=\frac{负债总额}{资产总额}\times 100\%$$

2. 产权比率

产权比率是指负债总额与所有者权益总额之间的比值，它也是衡量企业长期偿债能力的指标之一。产权比率越高，表明企业较多地运用了企业财务杠杆，增加了财务风险，偿债能力就越弱。产权比率的计算公式为：

$$产权比率=\frac{负债总额}{所有者权益总额}\times 100\%$$

3. 权益乘数

权益乘数是指企业资产总额与所有者权益总额之间的比值，它也反映了企业的负债程度。权益乘数大，表明企业利用财务杠杆的程度高，财务风险大，偿债能力就弱。权益乘数的计算公式为：

$$权益乘数=\frac{资产总额}{所有者权益总额}$$

由于企业资产、负债和所有者权益之间的平衡关系，以及资产负债率、产权比率、权益乘数都是利用其中两个数据计算得出的比值，所以它们之间也存在着数量关系，用公式表示如下：

$$资产负债率\times 权益乘数=产权比率$$

$$权益乘数-产权比率=1$$

（三）营运能力分析

企业营运能力是指企业营运资产的效率和效益。企业营运资产效率是指企业全部资产或某种资产的周转速度，反映了企业资产的使用效率，即资产使用的充分性。企业营运资产效益则是指资产的利用效果，它通过资产的投入、产出相比较来体现，反映了资产的获利能力。因此，企业营运能力分析就包括了资产周转速度分析和资产利用效果分析。

1. 资产周转速度分析

资产周转速度也叫资产周转率，它是衡量企业营运效率的主要指标，资产周转速度越快，表明企业资产可供运用的机会越多，使用效率越高。资产周转速度有周转次数和周转天数两种表示方式。

周转次数是周转额与资产平均余额之间的比值，它表明在一定时期内资产完成了多少次周转；周转次数越多，表明周转速度越快，运营效率越高。周转天数则是资产平均余额与平均每日周转额的比值，它表明资产需要多少天才能完成一次周转；周转天数越多，表明周转速度就越慢，资产运营效率也就越低。资产周转速度的计算公式为：

$$资产周转次数=\frac{周转额}{资产平均余额}$$

$$资产周转天数=\frac{资产平均余额}{平均每日周转额}$$

资产周转次数和资产周转天数之间的数量关系是：

资产周转次数×资产周转天数＝计算期天数

资产周转速度根据需要可以按全部资产计算，也可以按某类甚至某个资产项目计算。常用的资产周转速度指标有总资产周转速度、流动资产周转速度、固定资产周转速度、存货周转速度、应收账款周转速度。在计算周转速度时，要注意不同资产其周转额也不相同。理论上，总资产周转额、流动资产周转额、固定资产周转额应该采用主营业务收入，存货周转额应该采用主营业务成本，应收账款周转额应该采用赊销净额。但在实际分析时，这些数据不能在财务报告中直接得到，企业财务报告的外部分析者通常以全部营业收入代替主营业务收入和赊销净额，以全部营业成本代替主营业务成本来计算资产周转速度。各种资产周转速度的计算公式如下（以周转次数为例）：

$$总资产周转次数=\frac{营业收入}{总资产平均余额}$$

$$流动资产周转次数=\frac{营业收入}{流动资产平均余额}$$

$$固定资产周转次数=\frac{营业收入}{固定资产平均余额}$$

$$存货周转次数=\frac{营业成本}{存货平均余额}$$

$$应收账款周转次数=\frac{营业收入}{应收账款平均余额}$$

上述各式中各资产平均余额通常以该资产期初数与期末数平均计算，后文如无特别说明的，则资产、负债、所有者权益的平均余额均依此方法计算。即：

$$全部或某种资产（负债、所有者权益）平均余额=\frac{该资产（负债、权益）期初余额+该资产（负债、权益）期末余额}{2}$$

2.资产利用效果分析

资产利用效果通常以资产与资产创造的产出进行比较来衡量，主要有总资产报酬率、净资产收益率和资本收益率三个指标。

(1)总资产报酬率

总资产报酬率是企业一定时期内全部资产实现的收益额（息税前利润）与总资产平均余额之间的比值。它反映的是企业资产综合利用效果，是衡量企业利用负债和所有者权益总额取得盈利的重要指标，全面反映了企业盈利水平。总资产报酬率高，表明企业资产利用效益好，企业盈利能力强，经营管理水平高。总资产报酬率的计算公式为：

$$总资产报酬率=\frac{息税前利润总额}{总资产平均余额}\times 100\%$$

$$\begin{aligned}息税前利润总额&=利润总额+费用化利息\\&=净利润+所得税费用+费用化利息\end{aligned}$$

上式中费用化利息是指计入财务费用的利息支出，不包括计入固定资产成本的资本化利息。

总资产报酬率的分子采用息税前利润而不是利润总额，剔除了由于资本结构不同对收益造成的影响，更能真实确切地反映企业资产的盈利能力。如果该指标超过市场资本利率，则表明企业可以充分利用财务杠杆，适当举债经营，以获取更多的收益。

(2)净资产收益率

净资产收益率是企业净利润与所有者权益平均余额之间的比值。它反映的是企业自有资金投资收益水平，是企业盈利能力指标的核心，是评价企业自有资本及其积累获取报酬水平的最具综合性与代表性的指标。净资产收益率高，表明企业自有资本获取收益的能力强，运营效益好，对企业投资人和债权人权益的保证程度高。净资产收益率的计算公式为：

$$净资产收益率=\frac{净利润}{所有者权益平均余额}\times 100\%$$

(3)资本收益率

资本收益率是企业一定时期净利润与平均资本（即资本性投入及其资本溢价，包括实收资本和资本公积）的比率，它反映的是企业投资者实际获得的投资回报水平。资本收益率高，表明投资回报率高，投资效益好。资本收益率的计算公式为：

$$资本收益率=\frac{净利润}{资本平均余额}\times 100\%$$

【例 6-6】 根据 ABC 公司资产负债表（表 6-3）和利润表（表 6-7）资料，计算资产负债表比率分析指标如下：

1. 短期偿债能力指标

$$年初流动比率=\frac{50\ 514\ 000}{26\ 514\ 000}=1.91$$

$$年末流动比率=\frac{48\ 520\ 122}{24\ 467\ 740}=1.98$$

$$年初速动比率=\frac{14\ 063\ 000+150\ 000+2\ 460\ 000+3\ 991\ 000+3\ 050\ 000}{26\ 514\ 000}=0.89$$

$$年末速动比率=\frac{10\ 201\ 122+1\ 050\ 000+410\ 000+6\ 982\ 000+3\ 050\ 000}{24\ 467\ 740}=0.89$$

2. 长期偿债能力指标

$$年初资产负债率=\frac{32\ 514\ 000}{84\ 014\ 000}\times 100\%=38.70\%$$

$$年末资产负债率=\frac{30\ 467\ 740}{84\ 309\ 122}\times100\%=36.14\%$$

$$年初产权比率=\frac{32\ 514\ 000}{51\ 500\ 000}\times100\%=63.13\%$$

$$年末产权比率=\frac{30\ 467\ 740}{53\ 841\ 382}\times100\%=56.59\%$$

$$年初权益乘数=\frac{84\ 014\ 000}{51\ 500\ 000}=1.63$$

$$年末权益乘数=\frac{84\ 309\ 122}{53\ 841\ 382}=1.57$$

计算本期偿债能力通常采用期末数,由于资产负债表期初数就是上期期末数,这样,采用期初数计算的结果就是上期偿债能力指标,采用期末数计算的结果就是本期偿债能力指标。

3.营运能力指标

本期营运能力指标计算如下:

$$总资产周转次数=\frac{12\ 500\ 000}{(84\ 014\ 000+84\ 309\ 122)\div2}=0.1485\ 次$$

$$流动资产周转次数=\frac{12\ 500\ 000}{(50\ 514\ 000+48\ 520\ 122)\div2}=0.2524\ 次$$

$$固定资产周转次数=\frac{12\ 500\ 000}{(8\ 000\ 000+19\ 010\ 000)\div2}=0.9256\ 次$$

$$存货周转次数=\frac{7\ 500\ 000}{(25\ 800\ 000+25\ 827\ 000)\div2}=0.2905\ 次$$

$$应收账款周转次数=\frac{12\ 500\ 000}{(3\ 991\ 000+6\ 982\ 000)\div2}=2.2783\ 次$$

$$总资产报酬率=\frac{3\ 494\ 600+300\ 000}{(84\ 014\ 000+84\ 309\ 122)\div2}\times100\%=4.5087\%$$

(注:假定财务费用均为利息费用)

$$净资产收益率=\frac{2\ 341\ 382}{(51\ 500\ 000+53\ 841\ 352)\div2}\times100\%=4.4453\%$$

$$资本收益率=\frac{2\ 341\ 382}{(50\ 000\ 000+50\ 000\ 000)\div2}=4.6828\%$$

由于无法取得上期资产负债表资料,故假定上期期初有关数据与上期期末相同。上期营运能力指标计算方法与本期相同,这里不再一一列出。现将计算结果汇总如表6-6所示。

表 6-6 资产负债表比率分析表

比率类型	比率指标	上年数	本年数	差异
短期偿债能力指标	流动比率	1.91	1.98	0.07
	速动比率	0.89	0.89	0
长期偿债能力指标	资产负债率	38.70%	36.14%	-2.56%
	产权比率	63.13%	56.59%	-6.54%
	权益乘数	1.63	1.57	-0.06
运营能力指标	总资产周转次数	0.1381	0.1485	0.0104
	流动资产周转次数	1.45	0.9256	-0.5244
	固定资产周转次数	0.2296	0.2524	0.0228
	存货周转率次数	0.4496	0.2905	-0.1591
	应收账款周转次数	2.9065	2.2783	-0.6282
资产盈利能力指标	总资产报酬率	4.45%	4.51%	0.06%
	净资产收益率	4.50%	4.45%	-0.05%
	资本收益率	4.63%	4.68%	0.05%

从表 6-6 可以看出，ABC 公司速动比率基本没有变化，而流动比率上升了 0.07，表明其短期偿债能力变化不大。在长期偿债能力方面，资产负债率下降 2.56%，产权比率下降 6.54%，权益乘数下降 0.06，三个指标均有不同程度下降，表明其长期偿债能力有所提高。在营运能力方面，总资产和固定资产周转次数增加，流动资产、存货、应收账款周转次数都有所下降，表明其资产周转速度总体加快，主要是由于固定资产周转加快带来的；与流动资产有关的三个周转速度指标全部减慢，表明企业需要在节约流动资金使用，加快货款回笼等方面多加努力。在盈利能力方面，总资产报酬率和资本收益率有所上升，净资产收益率略有下降，资产盈利能力基本持平，但指标数值较低，表明资产盈利能力较弱。

第三节 利润表的阅读与分析

一、利润表主要项目解读

利润表是反映企业经营成果情况的报表。通过利润表，可以反映企业在一定会计期间的收入、费用、利得和损失的数额、构成及变动情况，帮助使用者全面了解企业净利润的质量与风险，分析企业的获利能力及盈利增长趋势。将利润表中的信息与资产负债表中的信息相结合,还可以提供财务分析的基本资料,可以反映出企业资金周转情况以及企业的盈利能力和水平,便于财务报告使用者判断企业未来的发展趋势,为其作出经济决策提供依据。

(一)营业收入

营业收入是企业在生产经营活动过程中形成的,会导致所有者权益增加,与所有者投入资本无关的经济利益的流入。主要包括销售商品收入、提供劳务收入、让渡资产使用权收入等。营业收入是企业规模和经营能力的重要标志,直接体现着企业的市场占有情况;营业收入也是企业盈利的基础,只有来自营业收入尤其是来自主营业务收入的利润才是稳定可持续的利润。

(二)营业成本

营业成本是指在企业销售商品,提供劳务等经营业务活动和其他业务活动所发生的成本,如企业所销售商品的生产成本或进价成本,为获得劳务收入而付出的劳务成本,为取得租金收入而产生的出租物品损耗等。营业成本是取得营业收入的必要代价,它与营业收入直接配比,可以反映出企业经营业务活动的潜在获利能力。营业收入与营业成本的差额称为毛利,毛利高低是决定企业盈利水平的最主要因素,毛利率低的企业通常利润率也低。

(三)营业税金及附加

营业税金及附加是指企业从事经营业务活动,按税法等规定应该在取得营业收入时计算缴纳的除增值税以外的各种销售税金及附加费,包括营业税、消费税、资源税、城市维护建设税、教育费附加等。

(四)期间费用

期间费用是指企业生产经营活动中发生的容易确定其发生期间但难以直接或间接将其归属于某一具体产品成本的费用。包括销售费用、管理费用和财务费用。

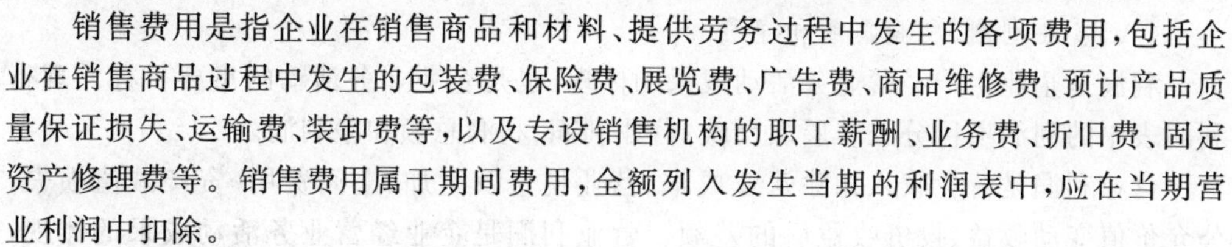

销售费用是指企业在销售商品和材料、提供劳务过程中发生的各项费用,包括企业在销售商品过程中发生的包装费、保险费、展览费、广告费、商品维修费、预计产品质量保证损失、运输费、装卸费等,以及专设销售机构的职工薪酬、业务费、折旧费、固定资产修理费等。销售费用属于期间费用,全额列入发生当期的利润表中,应在当期营业利润中扣除。

管理费用是指企业为组织和管理经营业务活动而发生的各种费用,包括企业开办费、公司经费、工会经费、董事会费、聘请中介机构费、诉讼费、业务招待费、房产税、土地使用税、印花税、车船使用税、技术转让费、矿产资源补偿费、研究费用、排污费以及企业管理用固定资产折旧费、修理费等。管理费用也是期间费用,在发生当期列入利润表,并在营业利润中扣除。管理费用项目繁多,控制难度大,存在问题也较多。管理费用水平高低是衡量企业经营水平的重要指标。

财务费用是指企业经营业务活动中为筹集和使用资金而发生的有关费用,包括利息收支差额、汇兑损益、支付给金融机构的手续费以及为筹集生产经营所需资金而发生的其他相关费用。财务费用与销售费用、管理费用同属于期间费用,也要在发生当期列入利润表,并在营业利润中扣除。

(五)营业外收支

营业外收支是指与企业经营业务活动没有直接关系的各项收入和支出,包括营业外收入和营业外支出。营业外收支不可能也不需要与有关收入费用进行配比,它既不影响企业的营业利润,通常也不具有持续性和稳定性,但作为已经发生的收付事项,也应该在企业的经营成果中体现。

营业外收入主要包括非流动资产处置利得、盘盈利得、罚没利得,确实无法支付而按规定程序批准转入营业外的应付款项等。营业外支出主要包括非流动资产处置损失、盘亏损失、罚款支出、公益性捐赠支出、非常损失等。

(六)投资收益(或损失)

投资收益(或损失)是指企业以各种方式对外投资所取得的收益扣除投资损失后的净额。包括交易性金融资产投资收益、可供出售金融资产投资收益、持有至到期投资收益和长期股权投资收益。企业对外投资的目的是为了获取利润,但在投资还没有成为企业经常化行为的条件下,如果这部分收益所占利润比例过大,说明企业盈利不稳定,存在风险。

(七)所得税费用

所得税费用是根据所得税法、会计准则等规定计算出来的计入当期损益的那部分所得税的费用,包括当期所得税和递延所得税两部分。当期所得税是当期发生的交易或事项按照适用税率计算确定的当期应交所得税,是当期应纳税所得额和适用税率的乘积。递延所得税是当期确认的递延所得税资产和递延所得税负债金额或予以转销的金额的综合结果。

(八)营业利润、利润总额和净利润

利润是企业生产经营业务活动成果的体现,也是企业业务活动的重要目标。现行利润表中的利润项目分三个层次反映:营业利润、利润总额和净利润。

营业利润是营业收入扣除营业成本、营业税金及附加、期间费用、资产减值损失、公允价值变动收益、投资收益后的差额。营业利润是企业经营业务活动成果的体现,反映了企业正常经营活动所获得的利润,是企业利润中最稳定、最重要、最具有评价指标意义的部分。营业利润和营业利润率是反映企业盈利能力的重要指标。

利润总额是在营业利润基础上,考虑了营业外收入和营业外支出后的余额。营业外收入和营业外支出虽与企业经营业务活动没有直接关系,其大小也不能反映企业生产经营管理水平的高低,但它毕竟是企业的收入和支出,也应该在利润表中予以体现。

净利润是企业利润总额扣除所得税费用后的差额,也是企业全部收入减去全部支出后的差额,反映了企业最终的财务成果,是完全属于投资者的利润。净利润是一个最为综合的利润指标，净利润的数量及质量决定了企业在市场中的竞争地位。需要注意的是，在净利润中扣除的所得税费用，是会计上认定的本期所得税费用，而不是本期应该缴纳的所得税额。

二、利润表结构分析

利润表结构分析是通过计算利润中各因素在营业收入中的比重，来分析财务成果的结构及其增减变动的合理程度的。

企业利润的形成结构复杂，合理的利润结构应该是经常性业务利润即营业利润占绝大部分比重，因为只有营业利润才是具有持续不断的再生特征的利润，才具有预测和决策价值。营业外收支等非经常性利润因素不具有再生性，持续性和稳定性差，不能成为企业持续发展的基础，营业外收支无论绝对额还是相对额，都不宜过大。

利润表结构分析中，由于各因素均是与营业收入相比较来计算比重，这些比重本身便是反映企业成本费用水平和盈利能力的重要指标，所以在理想的利润表中各因素结构变动应该是成本费用率下降，利润率增加。

【例 6-7】 根据利润表 6-7 的资料，编制利润表结构分析表如表 6-8 所示。

表 6-7 利润表

会企 02 表

编制单位：ABC 公司　　××年 12 月 31 日　　单位：元

项　目	本年数	上年数
一、营业收入	12 500 000	11 600 000
减：营业成本	7 500 000	6 800 000
营业税金及附加	20 000	18 000
销售费用	200 000	200 000
管理费用	971 000	926 000
财务费用	300 000	285 000
资产减值损失	309 000	305 000
加：公允价值变动收益		
投资收益	15 000	10 000
其中：对联营企业和合营企业年的投资收益		
二、营业利润	3 215 000	3 076 000
加：营业外收入	500 000	610 000
减：营业外支出	220 400	230 000
其中：非流动资产处置损失		

续表

项　目	本年数	上年数
三、利润总额	3 494 600	3 456 000
减:所得税费用	1 153 218	1 140 480
四、净利润	2 341 382	2 315 520
五、每股收益(略)		
(一)基本每股收益		
(二)稀释每股收益		

表 6-8　ABC 公司利润表结构分析表

项　目	本年数	上年数	上年结构(%)	本年结构(%)	差异(%)	差异率(%)
一、营业收入	12 500 000	11 600 000	100	100	0	0
减:营业成本	7 500 000	6 800 000	58.62	60	1.38	2.35
营业税金及附加	20 000	18 000	0.16	0.16	0	0
销售费用	200 000	200 000	1.72	1.6	−0.12	−6.98
管理费用	971 000	926 000	7.98	7.77	−0.21	−2.63
财务费用	300 000	285 000	2.46	2.40	−0.06	−2.44
资产减值损失	309 000	305 000	2.63	2.47	−0.16	−6.08
加:公允价值变动收益						
投资收益	15 000	10 000	0.09	0.12	0.03	33.33
其中:对联营企业和合营企业年的投资收益						
二、营业利润	3 215 000	3 076 000	26.52	25.72	−0.80	−3.02
加:营业外收入	500 000	610 000	5.26	4	−1.26	−23.95
减:营业外支出	220 400	230 000	1.98	1.76	−0.22	−11.11
其中:非流动资产处置损失						
三、利润总额	3 494 600	3 456 000	29.79	27.96	−1.83	−6.14
减:所得税费用	1 153 218	1 140 480	9.83	9.23	−0.60	−6.10
四、净利润	2 341 382	2 315 520	19.96	18.73	−1.23	−6.16
五、每股收益(略)						
(一)基本每股收益						
(二)稀释每股收益						

从表 6-8 可以看出 ABC 公司本年利润构成情况，营业利润占营业收入的 25.72%，比上年下降了 0.8%，利润总额占营业收入的 27.96%，比上年下降 1.83%，净利润占营业收入的 18.73%，比上年下降了 1.23%。各项利润构成下降的原因，从营业利润看，主要是由于营业成本比重上升了 1.38%，各项期间费用比重和资产减值损失比重均有所下降，表明企业虽然在期间费用管理方面值得肯定，但在营业成本控制方面效果欠佳，应深入查明是由于进货成本或原材料涨价，还是生产耗费控制不严而造成的。此外，营业外收入比重下降了 1.26%，也影响了利润总额比重和净利润比重。总的来说，企业的期间费用比重、营业外支出比重、所得税比重下降，但幅度不大；而企业的营业成本比重上升和营业外收入比重下降幅度较大，使企业的营业利润比重、利润总额比重、净利润比重均有所下降。

三、利润表变动情况分析

利润表反映了企业利润的分步计算过程，也反映了各收支项目与企业利润之间的关系，利润表增减变动分析本质上就是企业利润增减变动及其原因分析。

【例 6-8】 根据表 6-7 的利润表资料，编制利润表变动情况分析表如表 6-9 所示。

表 6-9 ABC 公司利润表变动情况分析表

项　目	上年数	本年数	差异额	差异率(%)
一、营业收入	11 600 000	12 500 000	900 000	7.76
减：营业成本	6 800 000	7 500 000	700 000	10.29
营业税金及附加	18 000	20 000	2 000	11.11
销售费用	200 000	200 000	0	0
管理费用	926 000	971 000	45 000	4.86
财务费用	285 000	300 000	15 000	5.26
资产减值损失	305 000	309 000	4 000	1.31
加：公允价值变动收益				
投资收益	10 000	15 000	5 000	50
其中：对联营企业和合营企业年的投资收益				
二、营业利润	3 076 000	3 215 000	139 000	4.52
加：营业外收入	610 000	500 000	－110 000	－18.03
减：营业外支出	230 000	220 400	－9 600	－4.17
其中：非流动资产处置损失				

续表

项　目	上年数	本年数	差异额	差异率(%)
三、利润总额	3 456 000	3 494 600	38 600	1.12
减:所得税费用	1 140 480	1 153 218	12 738	1.12
四、净利润	2 315 520	2 341 382	25 862	1.12
五、每股收益(略)				
(一)基本每股收益				
(二)稀释每股收益				

从表6-9可以看出,本年度ABC公司营业利润、利润总额、净利润均有不同程度的增长,尤以营业利润增长较多,主要原因是营业收入增加了900 000元,营业成本和期间费用、资产减值损失也增加了766 000元,加上投资收益增加5 000元,使营业利润增加了139 000元(900 000－766 000＋5 000),增长4.52%。而营业外收入和营业外支出分别减少110 000元、9 600元,营业外收支净额减少100 400元(110 000－9 600),使利润总额比营业利润少增加100 400元,从而利润总额比上年增加38 600元(139 000－100 400),增长1.12%;由于利润总额增加,所得税费用也同步增加,企业税后净利润也保持利润总额的增长水平,微增1.12%。

四、利润表比率分析

利润表内部各项目之间也存在着一定的依存关系,这些相互依存项目之间的比率,通常反映了企业一定时期的盈利能力,主要有营业利润率、销售净利率、成本费用利润率、利息保障倍数等。

(一)营业利润率

营业利润率是营业利润和营业收入的比值。企业的净利润不完全是由企业日常生产经营活动产生的,它还受到营业外收支、所得税费用等影响。为了更准确地评价企业的盈利能力,有必要运用营业利润率指标。营业利润率计算中使用的营业利润,剔除了营业外收支、所得税费用等与企业日常生产经营没有直接联系、不能反映企业经营管理水平的项目,更能真实确切地体现企业日常可持续的、稳定可靠的盈利能力。营业利润率高,表明企业盈利能力强,经营管理水平高。营业利润率的计算公式为:

$$营业利润率=\frac{营业利润}{营业收入}\times 100\%$$

(二)销售净利率

销售净利率是企业净利润与营业收入的比值。反映企业实现一元营业收入所能带来的税后净利润,即真正属于企业的利润。销售净利率高,表明企业盈利能力强。

销售净利率的计算公式为：

$$\text{销售净利率}=\frac{\text{净利润}}{\text{营业收入}}\times 100\%$$

（三）成本费用利润率

成本费用利润率是企业一定时期的利润与成本费用之间的比值。其中利润可以选用营业利润、利润总额、净利润等形式，但必须与成本费用形式有一定的对应关系；成本费用可以选用营业成本、营业成本费用、全部成本费用等。实务中一般分别使用利润总额和营业成本费用。成本费用利润率反映了企业的投入产出水平，体现了增加利润是以降低成本费用为基础的，是综合反映企业成本效益的重要指标。成本费用利润率高，表明企业劳动耗费的效益好。成本费用利润率的计算公式为：

$$\text{成本费用利润率}=\frac{\text{利润总额}}{\text{营业成本费用}}\times 100\%$$

营业成本费用＝营业成本＋营业税金及附加＋销售费用＋管理费用＋财务费用

（四）利息保障倍数

利息保障倍数也称已获利息倍数，是企业一定时期的息税前利润与利息支出的比值。它是衡量企业盈利能力的指标，反映利用资金支付的利息与取得的收益之间的关系；它也是衡量企业长期偿债能力的指标，反映企业盈利能力对债务偿付的保证程度。利息保障倍数大，表明企业盈利能力与长期偿债能力强。利息保障倍数的计算公式为：

$$\text{利息保障倍数}=\frac{\text{息税前利润}}{\text{利息支出}}$$

其中：息税前利润＝利润总额＋费用化利息＝净利润＋所得税＋费用化利息

利息支出＝费用化利息＋资本化利息

此外，运用利润表中的利润指标与资产负债表有关项目进行比较也可以得出反映企业盈利能力的指标，如净资产收益率、资本收益率等。这些在本章第二节里已作介绍，这里不再赘述。

【例 6-9】 根据表 6-7 资料，进行利润表比率计算分析如下：

(1)上年营业利润率$=\frac{3\,076\,000}{11\,600\,000}\times 100\%=26.52\%$

本年营业利润率$=\frac{3\,215\,000}{12\,500\,000}\times 100\%=25.72\%$

(2)上年销售净利率$=\frac{2\,315\,520}{11\,600\,000}\times 100\%=19.96\%$

本年销售净利率$=\frac{2\,341\,382}{12\,500\,000}\times 100\%=18.73\%$

(3)上年成本费用利润率$=\frac{3\,456\,000}{6\,800\,000+18\,000+200\,000+926\,000+285\,000}\times 100\%=42.00\%$

$$本年成本费用利润率=\frac{3\ 494\ 600}{7\ 500\ 000+20\ 000+200\ 000+926\ 000+285\ 000}\times 100\%$$

$$=38.87\%$$

$$(4)上年利息保障倍数=\frac{3\ 456\ 000+285\ 000}{285\ 000}=13.13倍$$

$$本年利息保障倍数=\frac{3\ 494\ 600+300\ 000}{300\ 000}=12.65倍$$

(注:假定财务费用均为利息费用,且没有资本化利息费用)

上述计算结果汇总如表 6-10 所示。

表 6-10　利润表比率分析表

比率类型指标	上年数	本年数	差异
营业利润率%	26.52%	25.72%	-0.8%
销售净利率%	19.96%	18.73%	-1.23%
成本费用利润率%	42.00%	38.87%	-3.13%
利息保障倍数	13.13 倍	12.65 倍	-0.48

从表 6-10 可以看出,本年度 ABC 公司的营业利润率为 25.72%,销售净利率为 18.73%,利息保障倍数达 12.65 倍,都处于较高水平,表明其盈利能力较强,但各项指标与去年相比都有不同程度的下降,这种趋势应引起注意,必须深入查明原因。

第四节　现金流量表的阅读与分析

一、现金流量表主要项目解读

现金流量表是反映企业在一定时期现金和现金等价物流入流出情况及其结果的报表。现金流量表所反映的企业获取现金和现金等价物的能力,有助于评价企业支付能力、偿债能力和周转能力;有助于预测企业未来现金流量;有助于分析企业收益质量及影响现金净流量的因素。掌握企业经营活动、投资活动和筹资活动的现金流量,可以从现金流量的角度了解净利润的质量,为分析和判断企业的财务前景提供信息。

(一)经营活动产生的现金流量项目

经营活动是指企业投资活动和筹资活动以外的所有交易和事项。经营活动产生的现金流量主要包括销售商品、提供劳务或购买商品、接受劳务以及支付工资和交纳税款等流入和流出的现金和现金等价物。

1. 销售商品、提供劳务收到的现金

该项目反映企业从事正常经营活动所获得的与销售商品或提供劳务等业务收入相关的营业收入和增值税。它既包括本期发生本期收到的现金,也包括前期发生在本期收到的款项以及本期预收的业务收入款项。正常情况下，企业的现金所得应主要依赖于该项目收到的现金。

2.购买商品、接受劳务支付的现金

该项目反映企业在进行正常经营活动过程中支付的与购买物资或接受劳务相关的现金流出（包括进项增值税），具体包括本期发生本期支付的现金、前期发生在本期支付的款项以及本期预付的业务款项。这部分现金流出量是维持企业正常生产经营、保证经常性生产对劳务和物资需求的现金流出，是企业获得经营业务收入的物质基础和劳务保证。

3.支付给职工以及为职工支付的现金

该项目反映企业实际支付给从事生产经营活动的职工的现金，以及为这些职工支付的现金。包括本期实际支付给职工的工资、奖金、各种津贴和补贴，代扣代缴个人所得税以及为职工支付的养老、失业等社会保险基金、补充养老保险、住房公积金、职工生活困难补贴以及为职工支付的其他福利费用等。

4.支付的各项税费

该项目反映企业在本期支付的各项税费。包括本期发生并支付的税费、前期发生本期支付的税费以及本期预交的税金。

（二）投资活动产生的现金流量项目

投资活动产生的现金流量是指企业对外进行股权债权投资，以及对内进行非货币性长期资产（固定资产、无形资产和其他长期资产）投资活动中所产生的现金流入和流出。主要包括收回投资收到的现金、取得投资收益收到的现金、处置长期资产收回的现金净额、购建长期资产支付的现金、投资所支付的现金等。

1.收回投资收到的现金

该项目反映企业出售、转让或到期收回除现金等价物以外的对其他企业的权益工具、债务工具和合营中的权益等投资收到的现金，但不包括收回债务工具实现的投资收益、处置投资收到的非现金资产等。

2.取得投资收益收到的现金

该项目反映企业除现金等价物以外的对其他企业的权益工具、债务工具和合营中的权益投资、分回的现金股利和利息，但不包括股票股利。

3.处置固定资产、无形资产和其他长期资产收回的现金净额

该项目反映企业出售、报废长期资产收到的现金（包括资产毁损保险赔偿款），减去为处置这些长期资产而支付的有关费用后的净额。该项目现金流入量与企业经营业务活动没有直接的必然联系，但如果金额过大，可能意味着企业在通过大量处置现有固定资产、无形资产和其他长期资产来压缩生产经营规模，或为转变经营方向进行相应的调整。

4.购建固定资产、无形资产和其他长期资产支付的现金

本项目反映企业本期购建长期资产实际支付的现金,以及用现金支付的应由在建工程和无形资产负担的职工薪酬,但不包括固定资产借款利息资本化部分,以及融资租入固定资产的租赁费等。该项目现金流量如果过大,可能预示着企业未来某些方面生产经营规模的调整与扩大,从而对未来的生产经营活动产生较大影响。

5.投资所支付的现金

该项目反映企业为取得除现金等价物以外的对其他企业的权益工具、债务工具和合营中的权益投资所支付的现金,以及佣金、手续费等交易费用,但取得子公司及其他营业单位支付的现金净额除外。该项目的现金流出通常意味着企业未来获得股息、利息、利润以及转让或出售投资所得的现金流入的潜在可能,如果金额巨大,而且是用于股权投资,则可能带来对被投资企业的控股或重大影响,有益于企业经营活动的顺利进行。

(三)筹资活动产生的现金流量项目

筹资活动是指导致企业资本及债务规模和构成发生变化的活动,包括发行股票或接受投入资本、分派现金股利、取得和偿还银行借款、发行和偿还公司债券等。筹资活动产生的现金流量反映了企业出于各种需要而进行资金筹措活动所产生的现金流入和流出金额,表明企业筹资的来源渠道及其规模、企业所筹资金的用途和动机,以及对企业未来产生的资金压力。主要包括吸收投资收到的现金、取得借款所收到的现金、偿还债务所支付的现金以及分配股利、利润或偿付利息支付的现金等。

1.吸收投资收到的现金

该项目反映企业通过发行股票、债券等方式筹集资金实际收到的款项减去支付的佣金、手续费等发行费用后的净额。

2.取得借款所收到的现金

该项目反映企业当期向银行及其他金融机构举借各种长期或短期借款所收到的现金。借款在取得目前可供使用资金的同时,也可能会造成日后还本付息的压力,即现时的现金流入会导致未来的现金流出。

3.偿还债务所支付的现金

该项目反映偿还债务本金所支付的现金,包括偿还金融企业借款本金、偿还债券本金等,但不包括企业支付的债券利息。该项目的现金流出与以往的筹资活动中发行债券、借款等的现金流入有着密切的联系。

4.分配股利、利润或偿付利息支付的现金

该项目反映企业实际支付的现金股利、支付给其他投资单位的利润或用现金支付的借款利息、债券利息等。它表明企业以吸收投资或借款方式筹集资金而支付的代价。

二、现金流量表结构分析

现金流量表结构分析主要是通过分析企业现金流量的构成，帮助财务报告使用者了解企业现金流入的主要来源和现金流出的主要去向，进一步分析企业财务状况的形成过程、变动过程及其变动原因。现金流量表结构分析，通常是在现金流量表有关数据的基础上，通过计算各项现金流量在现金总流量中的比重，以及该项目内部各组成部分占总体的百分比，来分析各项目的具体构成。包括现金流入结构分析、现金流出结构分析、现金净流量结构分析和现金流入流出比例分析。

（一）现金流入结构分析

现金流入结构分析是通过计算企业经营活动、投资活动和筹资活动等各项业务活动的现金流入在全部现金流入中的比重，以及各项业务活动现金流入中具体项目的构成情况，来明确企业的现金来源和增加现金收入的潜力与措施。通常分为现金总流入结构分析与现金流入内部结构分析。

现金总流入结构的计算公式为：

$$\text{现金总流入中经营活动现金流入所占比重}=\frac{\text{经营活动现金流入量}}{\text{全部现金流入量}}\times 100\%$$

$$\text{现金总流入中投资活动现金流入所占比重}=\frac{\text{投资活动现金流入量}}{\text{全部现金流入量}}\times 100\%$$

$$\text{现金总流入中筹资活动现金流入所占比重}=\frac{\text{筹资活动现金流入量}}{\text{全部现金流入量}}\times 100\%$$

现金流入内部结构的计算公式为：

$$\text{经营活动某内部项目现金流入所占比重}=\frac{\text{该经营活动项目现金流入量}}{\text{经营活动现金流入量}}\times 100\%$$

$$\text{投资活动某内部项目现金流入所占比重}=\frac{\text{该投资活动项目现金流入量}}{\text{投资活动现金流入量}}\times 100\%$$

$$\text{筹资活动某内部项目现金流入所占比重}=\frac{\text{该筹资活动项目现金流入量}}{\text{筹资活动现金流入量}}\times 100\%$$

（二）现金流出结构分析

现金流出结构分析是通过计算企业经营、投资、筹资等各项业务活动的现金流出在全部现金流出中的比重，以及各项业务活动现金流出中具体项目的构成情况，来明确企业现金使用的途径和节约现金支出的潜力和措施。通常分为现金总流出结构分析和现金流出内部结构分析。有关计算公式与现金流入结构相似。

现金总流出结构的计算公式为：

$$\text{某类业务活动现金流出所占比重}=\frac{\text{该类业务活动现金流出量}}{\text{全部现金流出量}}\times 100\%$$

现金流出内部结构的计算公式为：

$$某类业务活动某内部项目现金流出所占比重=\frac{该内部项目现金流出量}{该类业务活动现金流出量}\times 100\%$$

（三）现金净流量结构分析

现金净流量结构分析是通过计算企业经营活动、投资活动、筹资活动和汇率变动影响的现金收支净额占全部现金净流量的比重，反映企业现金净流量的形成与分布情况，明确企业收大于支或支大于收的原因，为进一步分析现金净流量的增减变动情况指明方向。

分析现金净流量结构时要注意两点：一是不同于现金流入结构和现金流出结构是由经营活动、投资活动和筹资活动三部分组成，现金净流量结构由经营活动、投资活动、筹资活动以及汇率变动影响的现金收支净额四部分组成。二是要结合企业的生命周期进行分析评价。处于不同生命周期的企业现金净流量结构相差悬殊，对于处在开发期的企业，应重点分析其筹资活动，同时判断其投资活动是否适合经营需要；对于处在成长期的企业，应重点分析经营活动现金流量，同时也要分析其投资活动是否过度；对于处在成熟期的企业，投资、筹资活动趋于正常化或适当萎缩，要重点分析经营活动现金流入是否有保障，是否过分支付股利，有无资金外流情况；对于处在衰退期的企业，投资活动和筹资活动开始萎缩，要重点分析其投资活动在收回投资过程中是否获利，有无冒险的扩张活动，同时要分析企业是否及时缩减负债，减少利息负担。

（四）现金流入流出比例分析

现金流入流出比例分析是通过计算经营、投资、筹资等各项业务活动的现金流入和现金流出的比例，来分析各项业务活动的现金流入和现金流出的比较结果。现金流入流出比例也称现金流入流出比。它与现金净流量有着基本相同的作用，现金净流量是现金流入与现金流出相减后的差额，反映的是绝对值结果；现金流入流出比是现金流入与现金流出相除后的商，反映的是相对值结果。某项业务现金流入与现金流出比如果大于1，则表明该业务现金流入超过现金流出，现金净流量为正数，比例越大，表明企业现金流越充裕。现金流入流出比的计算公式如下：

$$某类业务活动现金流入流出比=\frac{该类业务现金流入量}{该类业务现金流出量}$$

【例 6-10】 根据表 6-11 所给现金流量表资料，编制现金流量表结构分析表如表 6-12、表 6-13、表 6-14、表 6-15 所示。

表 6-11　现金流量表

会企 03 表

编制单位:ABC 公司　　××年 12 月 31 日　　单位:元

项　目	本期金额	上期金额
一、经营活动产生的现金流量:		
销售商品、提供劳务收到的现金	13 425 000	12 600 000
收到的税费返还		
收到其他与经营活动有关的现金		
经营活动现金流入小计	13 425 000	12 600 000
购买商品、接受劳务支付的现金	4 822 660	4 623 100
支付给职工以及为职工支付的现金	3 000 000	3 000 000
支付的各项税费	2 272 218	2 186 324
支付其他与经营活动有关的现金	200 000	189 000
经营活动现金流出小计	10 294 878	9 998 424
经营活动产生的现金流量净额	3 130 122	2 601 576
二、投资活动产生的现金流量:		
收回投资收到的现金	165 000	100 000
取得投资收益收到的现金		
处置固定资产、无形资产和其他长期资产收回的现金净额	3 003 000	2 123 500
处置子公司及其他营业单位收到的现金净额		
收到其他与投资活动有关的现金		
投资活动现金流入小计	3 168 000	2 223 500
购建固定资产、无形资产和其他长期资产支付的现金	4 510 000	4 862 000
投资支付的现金	1 050 000	1 200 000
取得子公司及其他营业单位支付的现金净额		
支付其他与投资活动有关的现金		
投资活动现金流出小计	5 560 000	6 062 000
投资活动产生的现金流量净额	－2 392 000	－3 838 500
三、筹资活动产生的现金流量:		
吸收投资收到的现金		
取得借款收到的现金	10 000 000	10 000 000

续表

项　目	本期金额	上期金额
收到其他与筹资活动有关的现金		
筹资活动现金流入小计	10 000 000	10 000 000
偿还债务支付的现金	12 500 000	13 000 000
分配股利、利润或偿付利息支付的现金	2 100 000	1 100 000
支付其他与筹资活动有关的现金		
筹资活动现金流出小计	14 600 000	14 100 000
筹资活动产生的现金流量净额	－4 600 000	－4 100 000
四、汇率变动对现金及现金等价物的影响		
五、现金及现金等价物净增加额	－3 861 878	－5 336 924
加:期初现金及现金等价物余额	14 063 000	19 399 924
六、期末现金及现金等价物余额	10 201 122	14 063 000

表 6-12　ABC 公司现金流入结构分析表

项　目	本期金额	占总流入比重(%)	内部比重(%)
销售商品、提供劳务收到的现金	13 425 000		100
经营活动现金流入小计	13 425 000	50.48	100
收回投资收到的现金	165 000		5.21
处置固定资产、无形资产和其他长期资产收回的现金净额	3 003 000		94.79
投资活动现金流入小计	3 168 000	11.91	100
取得借款收到的现金	10 000 000		100
筹资活动现金流入小计	10 000 000	37.61	100
现金流入总量	26 593 000	100	

表 6-13　ABC 公司现金流出结构分析表

项　目	本期金额	占总流入比重(%)	内部比重(%)
购买商品、接受劳务支付的现金	4 822 660		46.85
支付给职工以及为职工支付的现金	3 000 000		29.14
支付的各项税费	2 272 218		22.07
支付其他与经营活动有关的现金	200 000		1.94

续表

项　目	本期金额	占总流入比重(%)	内部比重(%)
经营活动现金流出小计	10 294 878	33.80	100
购建固定资产、无形资产和其他长期资产支付的现金	4 510 000		81.12
投资支付的现金	1 050 000		18.88
投资活动现金流出小计	5 560 000	18.26	100
偿还债务支付的现金	12 500 000		85.62
分配股利、利润或偿付利息支付的现金	2 100 000		14.38
筹资活动现金流出小计	14 600 000	47.94	100
现金流出总量	30 454 878	100	

表 6-14　ABC 公司现金净流量结构分析表

项　目	本期金额	比重(%)
经营活动现金净流量	3 130 122	－81.05
投资活动现金净流量	－2 392 000	61.94
筹资活动现金净流量	－4 600 000	119.11
现金总流量	－3 861 878	100

表 6-15　ABC 公司现金流入流出比结构分析表

项　目	现金流入	现金流出	流入流出比
经营活动	13 425 000	10 294 878	1.3040
投资活动	3 168 000	5 560 000	0.5698
筹资活动	10 000 000	14 600 000	0.6849
现金总流量	26 593 000	30 454 878	0.8732

从表 6-12 可以看出，ABC 公司的现金流入中，经营活动现金流入占 50.48%，投资活动现金流入占 11.91%，筹资活动现金流入占 37.61%，表明企业的现金流入主要依靠经营活动和筹资活动来获得。经营活动现金流入全部来自销售商品或提供劳务，筹资活动现金流入全部来自借款，而投资活动的现金流入基本来自处置固定资产、无形资产和其他长期资产，占 94.79%，还有收回投资的现金流入占 5.21%。

从表 6-13 可以看出，ABC 公司的现金流出中，经营活动占 33.80%，投资活动占 18.26%，筹资活动占 47.94%，表明企业现金流出主要是用于筹资活动和经营活动。在经营活动现金流出中，购买商品、接受劳务支付的现金占 46.85%，支付给职工以及为职工支付的现金占29.14%，支付各项税费的现金支付占22.07%，还有少量的其他支付，占1.94%。ABC公司投资活动现金流出主要用于购建固定资产、无形资产和其他长期资产，占81.12%，对外投资现金流出占18.88%。而筹资活动的现金流出主要是用于偿付债务，占85.62%，还有分配股利、利润或偿付利息流出占14.38%。

从表6-14可以看出，ABC公司现金净流量总量为－3 861 878元，三类业务中只有经营活动现金净流量为正，其余均为负数，投资活动现金净流量为－2 392 000元，而筹资活动现金净流量为－4 600 000元，从比例上看筹资活动现金净流量达到全部现金净流量的119.11%，投资活动现金净流量达到61.94%，经营活动现金净流量虽然为正，但只能抵销81.05%的现金总流量。所以ABC公司现金流量总量为负，主要是由于筹资活动和投资活动引起的。

从表6-15可以看出，ABC公司现金总流量流入流出比为0.8732，流入流出比小于1，表明现金流入小于现金流出。在三类业务中，只有经营活动现金流入流出比大于1，投资活动和筹资活动的现金流入流出比均小于1，尤其是投资活动现金流入流出比只有0.5698，表明该企业很可能处于营业初期或规模扩张期。

三、现金流量表变动情况分析

现金流量表变动情况分析是一种趋势分析，它是将两期或两期以上的现金流量表予以并列比较，计算出增减变动差异，使报表使用者明确企业现金流量的变动情况及其原因。现金流量表变动情况分析可以选用两期数据进行比较，如果采用两期以上数据进行比较，可以采用定基分析或环比分析，但在进行差异揭示时通常使用差异额，即绝对数差异。

【例6-11】 根据表6-11现金流量表资料，编制现金流量表变动分析表如表6-16所示。

表6-16　现金流量表变动情况分析表

项　　目	上期金额	本期金额	差异额	差异率(%)
经营活动现金流入	12 600 000	13 425 000	825 000	6.55
经营活动现金流出	9 998 424	10 294 878	296 454	2.97
经营活动现金流量净额	2 601 576	3 130 122	528 546	20.32
投资活动现金流入	2 223 500	3 168 000	944 500	42.48
投资活动现金流出	6 062 000	5 560 000	－502 000	－8.28
投资活动现金流量净额	－3 838 500	－2 392 000	1 446 500	－37.68
筹资活动现金流入	10 000 000	10 000 000	0	0
筹资活动现金流出	14 100 000	14 600 000	500 000	3.55

续表

项　　目	上期金额	本期金额	差异额	差异率(%)
筹资活动现金流量净额	−4 100 000	−4 600 000	−500 000	12.2
现金流入总额	24 823 500	26 593 000	1 769 500	7.13
现金流出总额	30 160 424	30 454 878	294 454	0.98
现金净流量总额	−5 336 924	−3 861 878	1 475 046	−27.64

从表 6-16 可以看出，ABC 公司现金流入总量比去年增加了 1 769 500 元，现金流出总量比去年增加 294 454 元，使现金总流量增加了 1 475 046 元(1 769 500－294 454)。其中现金流入增加主要是由于投资活动和经营活动所致，经营活动现金流入增加了 825 000 元，投资活动现金流入增加了 944 500 元。现金流出总量增加主要是筹资活动，增加了 500 000 元，经营活动现金流出也增长了 296 454 元，而投资活动现金流出减少了 502 000 元。从各类业务现金净流量看，经营活动现金净流量增加 528 546 元，投资活动现金净流量增加 1 446 500 元，筹资活动现金净流量则减少了 500 000元，表明 ABC 公司现金净流量增加主要是依赖投资活动和经营活动。

四、现金流量表比率分析

现金流量表比率分析是通过计算现金流量比率，来分析企业现金流量满足企业偿还债务、生产经营和对外投资的需要程度。现金流量比率是指企业现金流量与其他相关项目数据之间的比值，这些相关项目数据主要来自资产负债表和利润表。现金流量比率主要包括现金偿债比率和现金收益比率两大类。

(一)现金偿债比率分析

现金偿债比率分析是指通过将经营活动的现金净流量与企业各种债务进行对比计算出现金偿债比率，以反映企业用经营活动产生的现金偿还到期债务的能力。现金偿债比率分析有利于债权人按期足额收回本息，有利于投资者把握有利的投资机会，也有利于经营者减少财务风险，提高收益能力。常用的现金偿债比率有负债保障率、强制性现金支付比率、现金股利支付比率等。

1.负债保障率

负债保障率是指企业经营活动产生的现金净流量与企业全部负债或某类负债的比率，有两种具体形式：一是流动负债保障率，它是经营活动现金净流量与流动负债的比值，用以评价企业经营活动产生的现金偿付流动负债的能力。二是全部负债保障率，即狭义的负债保障率，它是经营活动现金净流量与全部负债的比值，用以评价经营活动产生的现金偿付全部债务的能力。正常情况下，经营活动是企业最主要的业务活动，是最安全最规范的获取现金流量的渠道。企业经营活动的现金流入，首先是用于经营活动支出，剩下的经营活动现金净流量才能用于偿还债务，而偿债的顺序应该是先偿还流动负债，再偿还长期负债。因此，用流动负债保障率衡量企业的偿债风险是比较安全的，而用全部负债保障率可以评价企业中长期偿债能力。负债保障率高，表明企业偿债能力强。其计算公式为：

$$(流动)负债保障率=\frac{经营活动现金净流量}{(流动)负债期末余额}\times 100\%$$

2.强制性现金支付比率

强制性现金支付比率是企业现金流入总量与本期内强制性支付的现金的比值。企业的现金流入总量包括经营活动现金流入、投资活动现金流入和筹资活动现金流入。强制性支付现金是指必须在本期内强制支付的经营活动支出、本期到期的债务及其利息。强制性现金支付比率可以反映企业是否有足够的现金支付费用、偿还债务。在持续不断的经营过程中，企业的现金流入应该满足强制性支付的需要。强制性现金支付比率高，表明企业支付能力强。强制性现金支付比率的计算公式为：

$$强制性现金支付比率=\frac{现金流入总量}{经营活动现金流出量+偿还债务本息付现}\times 100\%$$

3.现金股利支付比率

现金股利支付比率是现金股利与经营活动现金净流量的比值。现金股利指本期已宣告分配的全部现金股利。现金股利支付比率可以反映本期经营现金净流量与现金股利之间的关系，且表明企业股利支付的现金来源及其可靠程度。现金股利支付比率高，表明股利支付能力强，反之则弱。其计算公式为：

$$现金股利支付比率=\frac{现金股利}{经营活动现金净流量}\times 100\%$$

（二）现金收益比率分析

现金收益比率分析是将企业经营活动的现金净流量与企业收入或利润进行比较，计算出各种现金收益比率，以此来反映企业的现金收益能力或盈利能力。与利用利润表数据进行营利能力分析相比，现金收益比率分析能更确切真实地反映企业真正的收益能力，因为利润的计算过程不但受主观估计和人为判断影响，而且计算结果也只是一种账面结果，净利润并不是企业实实在在的现金流入量。现金收益能力是财务报告使用者更加关心的财务指标，是反映企业根本性财务能力的指标。现金收益能力指标主要包括营业收入现金比率、经营现金流量净利润比、全部资产现金回收率等。

1.营业收入现金比率

营业收入现金比率是经营活动现金净流量与营业收入的比值，它反映的是企业每一元营业收入所能得到的现金净流量，表明企业当期营业收入的收现情况，大致说明企业销售质量及销售货款回笼情况。该指标数值高，表明企业经营状况和经济效益好，收账能力强。其计算公式为：

$$营业收入现金比率=\frac{经营活动现金净流量}{营业收入}\times 100\%$$

2. 经营现金流量净利润比

经营现金流量净利润比是经营活动产生的现金净流量与净利润的比值,它反映企业实现的净利润与现金净流量的关系,表明企业实现的净利润是否均已有相应的现金净流量。正常情况下,该指标值在100%左右浮动,如果小于100%较多,预示企业收现能力很可能不足。经营现金流量净利润比高,表明企业获得现金主要依赖经营活动,企业利润质量较高。其计算公式为:

$$\text{经营活动现金流量净利润比}=\frac{\text{经营活动现金净流量}}{\text{净利润}}$$

反映经营活动现金流量和净利润关系,表明利润质量的另一个指标是营运指数,它是经营活动现金流量净利润比的倒数,其经济含义与经营活动现金流量净利润比相反。

【例 6-12】 根据表 6-3、表 6-7 和表 6-11 有关资料,计算现金流量表主要比率指标如下。(由于无法取得所需数据,故假定本期偿还债务全部是到期债务,本期"分配股利、利润或偿付利息"项目中 50%属于现金股利,50%为本期到期的债务利息)。

$$\text{流动负债保障率}=\frac{3\ 130\ 122}{24\ 467\ 740}\times 100\%=12.79\%$$

$$\text{全部负债保障率}=\frac{3\ 130\ 122}{30\ 467\ 740}\times 100\%=10.27\%$$

$$\text{强制性现金支付比率}=\frac{26\ 593\ 000}{10\ 294\ 878+12\ 500\ 000+2\ 100\ 000\times 50\%}\times 100\%$$
$$=115.52\%$$

$$\text{现金股利支付比率}=\frac{2\ 100\ 000\times 50\%}{3\ 130\ 122}\times 100\%=33.55\%$$

$$\text{营业收入现金比率}=\frac{3\ 130\ 122}{12\ 500\ 000}\times 100\%=25.04\%$$

$$\text{经营现金流量净利润比}=\frac{3\ 130\ 122}{2\ 341\ 382}=1.34$$

本例由于数据所限,无法进行比较评价。但与资产负债表比率分析、利润表比率分析一样,现金流量表比率分析也需要计算多期的现金流量比率,得出差异,然后根据比率指标性质(正指标或负指标)作出评价。

第五节 财务综合分析

一、财务综合分析及其目的

财务报告分析的目的在于为使用者提供客观、全面、准确的财务信息,但是前述的资产负债表分析、利润表分析、现金流量表分析都是从特定角度、就企业生产经营的某一方面进行的分析，无法全面揭示企业各方面的现实情况，不能全面评价企业的总体财务状况和经营成果，很难对企业总体财务状况和经营业绩的关联性做出综合结论。因此，在实际分析中常常需要将各种不同报表、不同指标结合起来，构成一个指标分析体系，以便能揭示各种指标之间的内在依存或影响关系，从而全面、客观、准确地评价企业总体财务状况和经营成果。财务综合分析就是将各种有关的财务指标作为一个整体，系统、全面、综合地对企业财务状况和经营业绩进行剖析、解释和评价，说明企业总体运行中存在的问题，以及企业在市场竞争中具有的优势，从而为企业经营决策和投资者对企业的投资决策提供财务支持。

财务综合分析的目的主要包括以下四个方面：

(1)通过财务综合分析，明确企业财务活动与经营活动的相互关系，找出制约企业发展的瓶颈所在。

(2)通过财务综合分析，全面评价企业财务状况及经营业绩，明确企业经营水平、地位和发展方向。

(3)通过财务综合分析，为企业利益相关者即财务报告使用者作出决策提供参考。

(4)通过财务综合分析，为完善企业财务管理和经营管理提供依据。

二、财务综合分析方法之一——杜邦分析法

杜邦分析法又称杜邦分析体系，是美国杜邦公司于1910年首先创立并使用的一种财务综合分析方法。这种方法主要是利用一些基本比率指标之间的内在数量关系，建立起一套系列相关的财务指标综合模型，从投资者对企业的最终目标出发，经过层层指标分解，从而系统地分析了解影响企业最终财务目标实现的各项因素的影响作用。

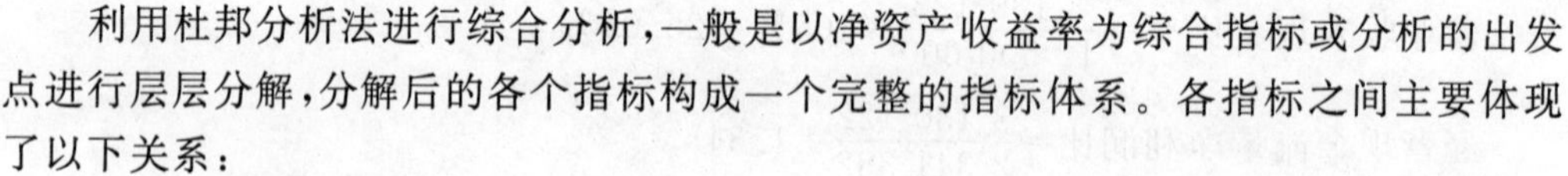

利用杜邦分析法进行综合分析，一般是以净资产收益率为综合指标或分析的出发点进行层层分解，分解后的各个指标构成一个完整的指标体系。各指标之间主要体现了以下关系：

1. 第一层次

净资产收益率＝销售净利率×总资产周转率×权益乘数

即净资产收益率受销售净利率、总资产周转率、权益乘数三个因素影响。

2. 第二层次

销售净利率＝净利润÷营业收入

其中：净利润＝营业收入－营业成本－营业税金及附加－期间费用＋营业外收支净额＋投资净收益－所得税费用

总资产周转率＝营业收入÷总资产平均余额

其中：总资产＝流动资产＋非流动资产

流动资产＝货币资金＋交易性金融资产＋应收款项＋存货等

非流动资产＝固定资产＋无形资产＋长期股权投资等

权益乘数＝总资产平均余额÷所有者权益平均余额

需要说明的是，在计算资产周转率和资产收益率等指标时，资产数据通常采用时期数即平均余额；在计算权益乘数等偿债能力指标时，资产、负债、所有者权益数据通常采用时点数即期末数。杜邦分析法要将这几类指标联系起来进行分析，应该统一使用平均余额。

杜邦分析结果通常以杜邦分析图来表示。

【例 6-13】 根据表 6-3 和表 6-7 有关资料，绘制杜邦分析图如图 6-1 所示。

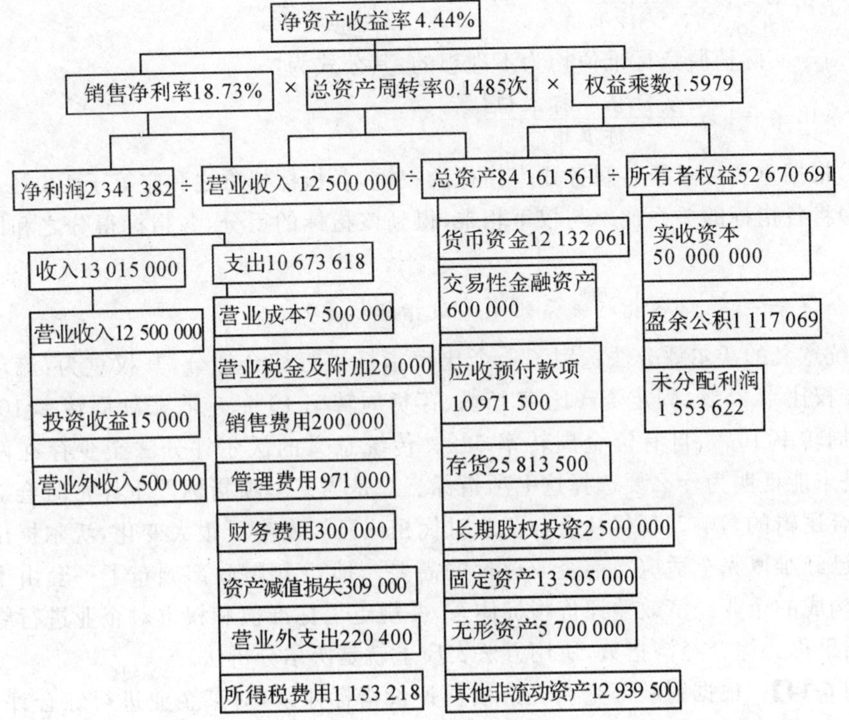

图 6-1

注：资产类和权益类项目数均为年初与年末的平均数。

三、财务综合分析方法之二——沃尔分析法

沃尔分析法也称沃尔比重评分法，它最初由美国的亚历山大·沃尔教授提出。其基本思想是依照"减少重复，全面兼顾"原则，选择若干个有代表性的财务比率，按其在企业经营活动和创利过程中所起作用的大小赋予权重，然后通过与标准比率的比较确定各项指标的得分及总体综合得分，并将结果作为评价企业整体实力和整体经营成果的依据。其一般过程如下：

(1)确定有代表性的财务比率指标。

(2)确定各项指标的标准值。标准值通常采用行业平均值或行业标准。

(3)计算各项指标实际值与标准值的比率,即关系比率。关系比率的计算要区分三种情况:

①对于实际值大于标准值为理想的,即正指标,其公式为:

$$关系比率=实际值\div标准值=1+\frac{实际值-标准值}{标准值}$$

②对于实际值小于标准值为理想的,即负指标,其公式为:

$$关系比率=1-\frac{实际值-标准值}{标准值}$$

③对于实际值脱离标准值均为不理想的,其公式为:

$$关系比率=1-\frac{|实际值-标准值|}{标准值}$$

(4)根据重要性赋予各财务比率指标的权重,各指标权重之和应等于100%。

(5)将各指标的关系比率与权重相乘,得到该指标的得分,各指标得分之和即为综合得分。

$$综合得分=\sum(各指标关系比率\times该指标权重)$$

传统意义的沃尔评分法选用了七个比率指标进行综合评分,其权重为:流动比率25%、产权比率25%、固定资产比率15%、存货周转率10%、应收账款周转率10%、固定资产周转率10%、自有资金周转率5%。传统意义的沃尔评分法至少存在两大缺陷:一是未能证明为什么要选择这七项指标。二是当某一项指标严重异常时会对总体产生不合逻辑的影响。现代社会与沃尔时代相比已经发生了很大变化,沃尔提出的七项指标已经难以完全适应当前企业评价的需要。1995年财政部颁布了一套由十项财务指标构成的企业经济效益评价指标体系,并规定了标准值和权重对企业进行综合评价,其结果称为综合经济指数,所用方法实质上就是沃尔分析法。

【例 6-14】 根据财政部企业经济效益评价指标体系,对某企业进行综合评价,编制该企业综合经济指数计算表如表 6-17 所示。

表 6-17 某企业综合经济指数计算表

经济指标	标准值 (1)	实际值 (2)	关系比率 (3)=(2)÷(1)	权重 (4)	得分 (5)=(3)×(4)
销售利润率	18%	16%	89%	15%	13.35%
总资产报酬率	20%	7%	35%	15%	5.25%
资本收益率	25%	16%	64%	15%	9.60%
资本保值增值率	105%	101%	96%	10%	9.60%

续表

经济指标	标准值 (1)	实际值 (2)	关系比率 (3)=(2)÷(1)	权重 (4)	得分 (5)=(3)×(4)
资产负债率	50%	44%	88%	5%	4.40%
速动比率(或流动比率)	100%	68%	68%	5%	3.40%
应收账款周转率	12次	19次	158%	5%	7.90%
存货周转率	10次	8次	80%	5%	4.00%
社会贡献率	35%	35%	100%	10%	10.00%
社会积累率	30%	30%	100%	15%	15.00%
合　计				100%	82.50%

可以看出,该企业综合经济指数为82.50%,说明该企业整体经营业绩没有达到标准要求,十项指标中仅有应收账款周转率一项超过标准值,两项刚好达标,有七项没有达到标准要求。表明该企业在改善经营管理,提高经营业绩上还有待继续努力。

第六节　财务分析报告

一、财务分析报告及其类型

财务分析报告是在财务报告分析的基础上概括、提炼、编写而成的,是反映财务报告分析过程和结果的总结性书面文件。通过财务分析报告,可以更加全面透彻地了解企业财务状况和经营业绩,为企业经营决策和投资者的投资决策提供有价值的参考和依据。

财务分析报告按编写的时间不同可分为定期分析报告和非定期分析报告。定期分析报告又可分为每日、每周、每旬、月度、季度、半年、年度财务分析报告,具体根据企业管理要求而定,有的企业还进行特定时点分析;财务分析报告按编写的内容不同可分为综合分析报告和专题分析报告。综合分析报告是对企业整体运营状况及财务状况进行分析评价形成的内容全面系统的财务分析报告。专项分析报告是针对企业经营管理中某一方面的工作进行分析,即专题分析形成的总结性文件;财务分析报告按照分析对象范围不同可以分为行业分析报告、主管部门分析报告、企业分析报告、内部部门分析报告。行业分析报告是对整个行业内全部企业的财务活动情况和结果进行整体分析而形成的书面文件;主管部门分析报告以本部门下属所有企业的财务活动情况和结果为分析对象;企业分析报告则立足于本企业,对本企业的财务状况和经营业绩进行剖析和综合评价,是最常见的财务分析报告。

二、财务分析报告的内容与结构

(一)财务分析报告的内容

财务分析报告的具体内容根据财务报告分析的对象、范围、目的不同而不同,但一般来说,应包括提要段、说明段、分析段、评价段和建议段,即通常说的五段论式。

提要段:概括介绍分析对象和分析结果的基本情况,使财务报告使用者对财务分析报告有一个总括的认识。

说明段:对企业运营状况及财务现状进行介绍。该部分要求文字表述恰当、数据引用准确。特别要结合企业当前工作重心,进行重点分析。

分析段:对企业的经营状况进行分析研究。要在说明问题的同时分析问题,寻找问题的原因和症结,以达到解决问题的目的。

评价段:在说明分析后,对企业经营情况、财务状况等给予公正、客观的评价。评价要实事求是,也要一分为二。

建议段:根据分析评价结果,提出意见和看法,尤其是对企业经营管理中存在的问题提出切实可行的改进建议,以使财务分析报告能充分发挥它在改善企业经营管理中的重要作用。

(二)财务分析报告的基本格式

严格地讲,财务分析报告没有固定的格式,但要能够反映要点、分析透彻、有理有据、观点鲜明、符合使用者的要求。一般来说财务分析报告由标题、正文和落款三部分组成。

标题:包括企业名称、时间界限、分析内容等。

正文:即上面所说的内容,但这五个方面内容可以根据需要进行整合,比如分为开头(相当于提要段)、主体(包括说明段、分析段、评价段)、结尾(相当于建议段)三个部分。

落款:包括报告单位名称和撰写日期。

三、财务分析报告撰写要求

(一)行文流畅、简明

要根据阅读对象把握好财务分析报告的分析层次和行文风格。对于提供给财务部门领导或财务专业人士的报告可以专业化一些,而提供给其他部门领导,尤其是对本专业不熟悉的领导的报告则应力求通俗。对于整个企业的财务分析报告要力求精练,重点突出,而对于部门或专题财务分析报告则可适当具体化。

(二)要将财务分析报告财务指标分析和非财务指标分析有机结合

既要关注财务指标分析,也要充分理解非财务指标,只有将两者有机结合,才能对企业的财务状况和经营成果作出客观、综合、恰当的评价。

(三)要与企业业务紧密结合

要深刻领会财务数据背后的业务背景，切实揭示财务管理工作中存在的问题。要通过对企业财务的了解和分析，判断经济业务发生的合理性、合规性，并对企业财务发展趋势进行合理预测，对存在的问题提出合理化建议，以使财务分析报告真正能为企业经营管理决策提供有用的信息。

思考题

1.什么是财务报告分析？它可以有哪些分类？

2.财务报告分析的技术方法主要有哪几种？

3.什么是比较分析法？运用比较分析法时应注意哪些问题？

4.什么是因素分析法？说出运用因素分析法的一般程序。

5.如何进行资产负债表结构分析？

6.如何进行资产负债表变动情况分析？

7.资产负债表比率分析指标可以分为哪几类？各类指标主要包括哪些内容？

8.如何计算企业偿债能力指标？这些指标变化一般能说明什么问题？

9.企业营运能力指标如何计算？这些指标变化通常能说明什么问题？

10.如何进行利润表结构分析？

11.如何进行利润表增减变动情况分析？

12.利润表比率分析指标主要有哪些？如何计算？这些指标变化通常能说明什么问题？

13.如何进行现金流量表结构分析？

14.如何进行现金流量表增减变动情况分析？

15.现金流量表比率分析主要有哪些指标？如何计算？这些指标变化通常能说明什么问题？

16.什么是财务综合分析？为什么要进行财务综合分析？

17.什么是杜邦分析法？如何运用杜邦分析法对企业经营活动进行综合分析？

18.财务分析报告通常包括哪些内容？撰写时有哪些要求？

图书在版编目(CIP)数据

财务会计报告 / 蒋婉萍主编. —杭州:浙江大学出版社,
2008.1(2013.8 重印)
ISBN 978-7-308-05776-9

Ⅰ.财… Ⅱ.蒋… Ⅲ.会计报表—会计分析—职业教育—
教材 Ⅳ.F231.5
中国版本图书馆 CIP 数据核字(2008)第 009572 号

财务会计报告(第二版)

蒋婉萍　主编

策　　划	徐素君
责任编辑	徐素君
封面设计	刘依群
出版发行	浙江大学出版社 (杭州市天目山路 148 号　邮政编码 310007) (网址:http://www.zjupress.com)
排　　版	杭州中大图文设计有限公司
印　　刷	富阳市育才印刷有限公司
开　　本	787mm×960mm　1/16
印　　张	10.5
字　　数	225 千
版 印 次	2013 年 8 月第 2 版　2013 年 8 月第 5 次印刷
书　　号	ISBN 978-7-308-05776-9
定　　价	17.00 元

版权所有 翻印必究　印装差错 负责调换

浙江大学出版社发行部联系方式:0571—88925591;http://zjdxcbs.tmall.com